婴幼儿托育服务与管理专业规划教材

杨晓萍　李姗泽　总主编

婴幼儿美术启蒙活动指导

主　编：陈崇刚　唐　倩　张玉坤
副主编：冷金鱼　向晗璐　张常红　罗　玥
编　委：樊振兴　唐黎黎　于仁子　王　蕾
冯　娜　黄彩茜

西南大学出版社
国家一级出版社　全国百佳图书出版单位

图书在版编目（CIP）数据

婴幼儿美术启蒙活动指导 / 陈崇刚，唐倩，张玉坤主编. -- 重庆：西南大学出版社，2023.12
ISBN 978-7-5697-1952-9

Ⅰ.①婴… Ⅱ.①陈… ②唐… ③张… Ⅲ.①学前儿童-美术教育-职业教育-教材 Ⅳ.① G613.6

中国国家版本馆 CIP 数据核字（2023）第 191544 号

婴幼儿美术启蒙活动指导

YINGYOU'ER MEISHU QIMENG HOUDONG ZHIDAO

主　编　陈崇刚　唐　倩　张玉坤

总 策 划： 杨　毅　杨景罡
执行策划： 钟小族　张燕妮
责任编辑： 熊家艳
责任校对： 钟小族
装帧设计： 闰江文化
排　　版： 闰江文化
出版发行： 西南大学出版社
重庆·北碚　邮编：400715
印　　刷： 重庆紫石东南印务有限公司
幅面尺寸： 185mm × 260mm
印　　张： 8.75
字　　数： 192 千字
版　　次： 2023 年 12 月　第 1 版
印　　次： 2023 年 12 月　第 1 次印刷
书　　号： ISBN 978-7-5697-1952-9
定　　价： 59.80 元

本书如有印装质量问题，请与我社市场营销部联系更换。
市场营销部电话：（023）68868624　（023）68367498

总序

0~3岁婴幼儿阶段是一个人生命中最快速发展的时期，亦是人生的重要奠基期。婴幼儿成长需要一个儿童友好社会，需要一个完整的社会教育架构，以保证每个家庭中的每一个孩子都能在其黄金三年得以健康成长。由此，架构一个完整的有利于婴幼儿健康成长的托育服务体系，并在高校培养相应的人才是中国教育体系刻不容缓的任务。

婴幼儿托育服务质量不仅关乎婴幼儿的健康成长，而且关乎人民群众的获得感、幸福感和安全感。近年来，国务院、教育部相继出台了一系列政策，对婴幼儿托育事业进行规划和布局。《中华人民共和国国民经济和社会发展第十四个五年规划和2035年远景目标纲要》中特别强调"发展普惠托育服务体系，健全支持婴幼儿照护服务和早期发展的政策体系"。2021年12月，国家发展改革委等部门联合印发了《"十四五"公共服务规划》，指出"着力构建多元化、多样化、覆盖城乡的婴幼儿照护服务体系，积极引导社会力量举办托育服务机构……依法逐步实行婴幼儿照护工作人员职业资格准入制度"。党的二十大报告中提出"群众在就业、教育、医疗、托育、养老、住房等方面面临不少难题；……我们已经采取一系列措施加以解决，今后必须加大工作力度"。

构建规范普惠的婴幼儿托育服务体系对于改善我国人口结构、积极应对人口老龄化、保持我国人力资源禀赋优势等方面具有重要意义。尽早研究、大力发展婴幼儿托育服务体系，建立健全相关的政策制度设计，是事关国家发展与安全、关乎国计民生的重要任务，这离不开大量高素质专业人才的支撑。目前，我国托育服务从业人员队伍建设主要存在数量不足、人员素质参差不齐、托育服务人才培养和培训体系尚未形成等短板，应拓宽培养培训渠道，着力建设一支品德高尚、富有爱心、敬业奉献、素质优良的托育服务人才队伍。

本套教材依据《职业教育专业目录(2021年)》，按照《托育机构设置标准(试行)》《托育机构管理规范(试行)》《托育机构保育指导大纲(试行)》等重要文件精神进行编写，涵盖了婴幼儿托育服务与管理专业主要基础课程和专业核心课程，共包含23本教材。在编写过程中我们力求创新，努力打造自己的优势和特色。

第一，充分体现医教融合，指向岗位实际需求。本套教材的编写团队由师范院校、医学院校和企业团队构成，积极促成高校、医院与早教机构联合开发应用型课程,共同聚焦“医教融合”托育服务新模式下的岗位核心能力,着力体现人才培养的前瞻性和适应性。

第二,结合工作流程制订项目学习任务,符合高职“三教”改革趋势。立足职业教育的类型特点和经济社会发展对技术技能型人才的需求,探索活页式新形态教材开发的思路和方法,是职业教育“三教”改革的重要内容。本套教材积极探索以提高实践能力为引领的人才培养流程,对接职业岗位标准,将工作任务转化为项目,将专业知识与技能转化为岗位能力,以项目为纽带、工作任务为载体、工作过程为导向,构建教材内容。融合学校和企业人员,共同编写理实一体、书证融通的工作手册式、活页式新形态教材。

第三,体现岗位能力要求,让学习者提前了解真实工作应用场景。本套教材以学习者发展为根本,以学习产出为导向,关注实践性教学内容,重视解决工作实际问题。在内容设计上,以典型工作任务、案例为载体组织教学单元。立足真实工作情景,采用大量真实案例及拓展阅读素材,帮助学习者在了解基本理论的前提下,更好地面对、解决工作中遇到的实际问题。

第四,配备丰富教学资源,视频展示实操技能。本套教材在设计上注重实操性,通过操作视频、题库、案例集等数字资源,为学习者创设真实详细的任务情境,增强学习过程的综合性、趣味性、挑战性,使学习者在主动建构、合作共研的过程中获得新知、提升经验。此外,编写团队还重视教材的实用性和灵活性,打造“纸质教材+数字化教材”协同互补的新形态教材体系,以期提高教学实效。

本套教材的顺利付梓得益于所有参编人员的辛劳付出和西南大学出版社的积极协调与沟通。在此向参与此次编写活动的全体人员表达我们的敬意。同时,教材写作难免有疏漏或不足之处,我们将在教材使用中进一步总结反思,不断修订完善,恳请各位同行不吝赐教。

李姗泽

前言

党的二十大报告中提出，统筹职业教育、高等教育、继续教育协同创新，推进职普融通、产教融合、科教融汇，优化职业教育类型定位。加强基础学科、新兴学科、交叉学科建设，加快建设中国特色、世界一流的大学和优势学科。推进教育数字化，建设全民终身学习的学习型社会、学习型大国。

本教材是遵循高职教育特点，倡导“做中学，教中做，学做一体化”，以项目—任务的形式编写的新型校企双元式教材，以企业真实项目为依托，并根据0—3岁婴幼儿不同的年龄特点、感知特征和动作特性，分别从感受、趣味、创意、动手4个维度设置项目，依据每个项目的教学目标共提取了19个典型的工作任务，将企业真实项目融进教材、融进课堂、融进实训，注重过程性评价和增值评价。

本教材在内容设计上做到了课程思政的全过程融入，以期达到润物细无声的效果。在素材的选择上侧重于中国传统文化的学习；在实践过程中强化精益求精“工匠精神”的塑造；在讲解过程中体现了文化素养的养成；在制作过程中践行社会主义核心价值观的培养。

本教材在编写过程中特别重视传统教学与数字化教学的有机融合，针对项目中的每个典型工作任务分别配备有数字化的教学内容，包括项目任务全过程讲解、重难点分析、实践操作示范、企业现场教学演示等，让学习者能够打破物理时空的限制，随时进行学习和实践，也可以作为翻转课堂的前期学习素材，开辟数字化学习的途径。

本书在编写过程中得到了重庆市职教学会学前教育专委会，重庆工商职业学院、重庆应用技术职业学院、重庆青年职业技术学院、重庆对外商贸学院、济南职业学院，重庆朗萌巴蜀教育集团、哎呀当代美术教育、空点艺术培训中心、重庆市熊猫宝贝文化艺术培训公司、重庆巴南行知巴蜀幼儿园、高校、企业的悉心指导和帮助，在此代表整个编写团队向各位同行表示衷心的感谢。随着职业教育的不断发展，教育理念的不断进步，现代信息技术应用的不断深入，本教材将及时更新和完善。

目录

项目四 观察手工

项目一

感受涂鸦

项目目标

一、知识目标

1. 让婴幼儿感知自己的手掌和手指。
2. 让婴幼儿感知三原色和其他色彩。
3. 让婴幼儿感知色彩混合后产生的变化。
4. 让婴幼儿感知各种线条。
5. 让婴幼儿认识菠萝、苹果、梨子等水果。
6. 让婴幼儿观察水果的形状和色彩。

二、技能目标

1. 锻炼婴幼儿从运用手部涂抹颜料过渡到涂鸦各种线条。
2. 锻炼婴幼儿从手部粗大动作过渡到手部精细动作的探索。
3. 锻炼婴幼儿从手部自由探索过渡到手部有意识探索。
4. 锻炼婴幼儿的身体平衡能力和手、眼、脑协调能力。
5. 锻炼婴幼儿手指肌肉的灵活性。

三、素质目标

1. 增强婴幼儿的艺术素养。
2. 激发婴幼儿的创造力。
3. 培养婴幼儿的观察力。

四、情感目标

1. 让婴幼儿在蕴含着中国式艺术之美的作品中感受线条之美。
2. 培养婴幼儿对美术的喜爱之情。
3. 促使婴幼儿发现生活的美好，培养其热爱生活的良好品格。
4. 培养婴幼儿积极愉快的情感体验。
5. 培养婴幼儿积极正面的情感表达。

学习重难点

一、学习重点

1. 了解 0—2 岁婴幼儿感知运动阶段的特点。
2. 了解 2—3 岁婴幼儿前运算阶段的特点。
3. 理解自由涂鸦的内涵，能够为婴幼儿营造自由轻松的涂鸦环境，引导其感知色彩、线条等并表达出来。

二、学习难点

理解自由涂鸦的教学理念后有效传达给家长，构建良好的学校与家庭教育环境；引导婴幼儿将感知到的形态和感受等通过自由涂鸦表达出来。

思维导图

- 感受涂鸦
  - “艺术家”手掌自由涂抹游戏
    - 感知自己的手掌
    - 感知三原色
    - 感知色彩混合后的变化
    - 感知艺术之美
    - 手部自由探索
  - “抽象画”手指涂抹游戏
    - 感知自己的手指
    - 感知色彩混合后的变化
    - 手部有意识地探索
  - 自由线涂鸦真快乐
    - 感知线条的长短
    - 感知线条的粗细
    - 感知线条的曲直
    - 感知线条涂鸦之美
    - 锻炼手部精细动作
  - 我眼中的水果涂鸦
    - 观察水果的形状
    - 观察水果的颜色
    - 认识常见水果
    - 涂鸦观察到的水果

任务一

“艺术家”手掌自由涂抹游戏

任务描述

引导1—2岁婴幼儿（主要指处于感知运动最后阶段的婴幼儿）自由地用手去涂抹颜料，感受涂抹游戏中自由支配肢体的乐趣，感知涂抹中的颜色变化和色彩之美。

让婴幼儿在手掌自由涂抹游戏中感知美，发展他们的想象力，是美育的重要教学目的。传统的知识点讲解，或者放一幅范画在孩子们面前，让孩子们照着画，这和发展想象力背道而驰。对于低龄婴幼儿，可用游戏的方式，让他们在玩耍中自然地了解红黄蓝三原色。稍大些的婴幼儿也不需要绘画示范，老师要做的是激发婴幼儿的想象力，引导他们自己画出来。当然，一些技术性的部分可能需要示范，比如拓印的步骤。

游戏内容要符合婴幼儿的心智发展水平，从最简单的开始，循序渐进，层层推进。在涂抹过程中，让婴幼儿发现色彩混合的神奇之处：三原色之间的自然混合会产生色彩变化。

任务准备

一、硬件准备

宽敞的活动室，相对安静的环境；适合1—2岁婴幼儿绘画的画桌。

二、经验准备

视频资料的准备。本次教学活动为亲子活动，基于构建良好的学校教育环境与家庭教育环境的需要，建议课前与家长沟通教学理念，以确保为婴幼儿营造一个被理解和不被打扰的涂鸦体验环境，以便激发和丰富婴幼儿的想象力、感知力。可以将“课前话语”做成PDF发到家长群，让家长明白在亲子涂鸦活动中自己充当的角色是服务者与欣赏者。当婴幼儿获取某种颜料有困难时，要帮助他们在大画板上获取颜料，在婴幼儿穿罩衣、洗手等需要帮助时给予帮助。

三、教具准备

白色4开水粉绘画纸（160—180克）、红黄蓝三原色颜料、画板和红黄蓝三色卡片。

操作流程

一、操作步骤

操作步骤	操作内容
操作步骤一：游戏引入	老师和婴幼儿跟着儿歌做手部运动。
操作步骤二：展示游戏工具和材料	老师展示绘画纸、颜料等，并讲解其名称。
操作步骤三：宣布游戏规则	老师宣布将要进行游戏，告诉婴幼儿可以用手蘸上自己喜欢的颜料在画纸上涂涂抹抹。
操作步骤四：婴幼儿自由涂抹	婴幼儿用手在画纸上自由涂抹。
操作步骤五：赞许婴幼儿	老师展示婴幼儿的作品，并表示肯定和赞许。

二、操作描述

（一）游戏引入

老师和婴幼儿跟着儿歌做手部运动："小手小手拍拍，我的小手拍起来；小手小手拍拍，我的小手举起来；小手小手拍拍，我的小手合起来；小手小手拍拍，我的小手转起来；小手小手拍拍，我的小手藏起来。"

（二）展示游戏工具和材料

4开水粉绘画纸、三原色卡片、三原色颜料、大画板。老师分别介绍红黄蓝三种颜色，让婴幼儿认识并感知三种颜色。可以鼓励婴幼儿说出自己对红黄蓝三种颜色的感受和想到了什么。比如有的婴幼儿可能会说："我感觉红色暖暖的，像妈妈的怀抱。"

（三）宣布游戏规则

老师向婴幼儿宣布："今天我们要进行一项好玩的游戏。"老师将红黄蓝三种颜色的颜料放在一块大的画板上，告诉婴幼儿可以用手蘸上自己喜欢的颜料，然后在画纸上涂涂抹抹（如果婴幼儿可以根据语言理解要求，老师就不需要演示用手蘸颜料涂抹的动作）。

（四）婴幼儿自由涂抹

最开始，婴幼儿也许不会大胆地蘸很多颜料，往往只会蘸一点。老师和家长不要去干涉婴幼儿，让他们自由探索，老师和家长的角色是服务员与欣赏者。当婴幼儿需要帮助时进行帮助，在婴幼儿投来询问和犹豫的眼神时回馈赞许的目光。在婴幼儿不敢大胆尝试的时候，老师和家长可以对他们进行鼓励。

婴幼儿涂抹一下，鲜艳的色彩便会跃然纸上。婴幼儿发现自己的行为会产生美的变化，便会产生好奇心、信心和成就感。慢慢地，婴幼儿会更大胆，将越来越多的手指甚至手掌都沾满颜料。婴幼儿会好奇地观察手掌上的颜料，观察自己涂抹的抽象画，挥舞着手臂开心地微笑。在这样的绘画游戏里，婴幼儿自然会感到画画的乐趣。

图 1-1-1　婴幼儿自由涂抹现场与涂抹作品

（五）赞许婴幼儿

婴幼儿的第一幅抽象绘画作品诞生啦！不得不说，这些画真的很美，色彩自然融合，色块之间比例随机产生，婴幼儿手指和手掌的运动痕迹在纸面上显得生机勃勃。老师可以将婴幼儿的作品进行排列，展示一下。婴幼儿看到自己的作品得到老师和家长的肯定，自然会充满了成就感。

三、作品欣赏

图 1-1-2　婴幼儿作品

任务分析

重点：给婴幼儿创造一个自由愉快的涂鸦氛围，鼓励婴幼儿用颜料进行涂鸦探索。特别是对于不太敢尝试的婴幼儿，要多给予正面的鼓励和引导。

关键点：①老师和家长对“自由涂抹”的理解；②引导婴幼儿愉快地进行手部自由涂抹。

学习支持

一、婴幼儿美术教育活动的制订依据

婴幼儿美术教育活动目标主要依据 0—3 岁婴幼儿身心发展与美术能力的发展规律和特点来确定。作为引导者的老师，需要了解婴幼儿各阶段身心和美术能力发展的特点和规律。

让·皮亚杰对儿童思维和智力的研究闻名于世。他认为 2 岁前的婴幼儿处于感知运动阶段，依靠感知动作来探索和适应外部环境。一个刚学会走路的孩子，面对一个向下的台阶跃跃欲试地伸出他的脚，最后成功地踏到地面。这个动作生动形象地展示了婴幼儿探索世界的过程。婴幼儿通过触摸感知世界，建立信心。感知运动阶段分为 6 个阶段：①反射活动阶段（0—1 个月）；②习惯动作阶段（1—4 个月）；③有目的的动作形成阶段（4—10 个月）；④手段和目的的分化与协调阶段（10—12 个月）；⑤感知运动智慧阶段（12—18 个月）；⑥感知运动智慧的综合阶段（18—24 个月）。

在感知运动阶段的早期，婴幼儿不停地用手脚做动作，反反复复，慢慢熟练，直至手脚运用自由协调，拥有了身体平衡能力。满一岁的婴幼儿大都已经学会站立并尝试着走路，当这个动作变得越来越顺利和熟悉时，他们开始尝试做更多复杂的动作，并逐渐获得身体协调，同时也在这一系列动作中找到快乐和自信。本教学任务的主要引导对象是 18—24 个月的婴幼儿，正处于智慧的综合阶段。这个阶段的婴幼儿，正如皮亚杰所说，用手可以达到目的或者实现愿望，这是儿童最早的智慧萌芽。面对 2 岁左右的婴幼儿，如何引导他们有意识地运用自己的身体部位去做游戏，是我们在设置教学活动时需要重点考虑的。

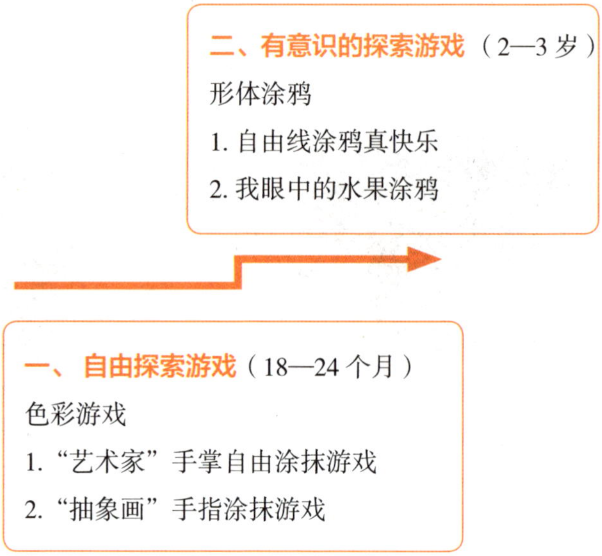

图 1-1-3　婴幼儿美术领域发展过程

二、自由涂抹的含义

拥有自由探索的环境很重要。人的生命在不断地知行合一中完整起来，而最早的学习环境常常是父母给予的。真希望每一个婴幼儿都能自由地吮吸手指，都能自由爬行，能用手去触摸感知身边的事物。父母和老师能呵护孩子的，不仅是机体的健康成长，更重要的是给予其自由探索的空间，给予孩子心灵方面的培养。

1—2 岁婴幼儿处在用手脚探索世界的阶段，要给予其自由，让他们用手去探索这个美好的世界。正如孙瑞雪所说，自由使用和支配自己的身体，不仅能发展身体，同时也能发展儿童的情绪、感觉、心理、认知和精神。毕加索说，孩子是天生的艺术家。我们会发现，孩子们创作的一幅幅画都如此美妙，将他们的作品装框挂在家中，是一件美好的事。

2 岁左右的婴幼儿开始进入涂鸦敏感期，这个时期的婴幼儿喜欢乱涂乱画，手掌、手指和画笔在他们眼中是很奇妙的玩具。美术作为一门学科，有着独特的表现形式，我们用这种表现形式来表达自我、创造美。在婴幼儿的成长过程中，绘画作为一种图形语言，和文字一样具有表情达意的功能，特别是在儿童语言能力发展不完善的阶段，绘画语言成为他们表达对这个世界的感受和与外界交流的很好途径。很多儿童心理学家都认为，从儿童在自由状态下创作的绘画中可以观察到儿童的个性特点。本书第一个项目的第一个任务就是针对 1—2 岁婴幼儿，让婴幼儿自由地用手去涂抹颜料，去感受涂抹游戏中自由支配肢体的乐趣，感知色彩在涂抹中的融合变化。艺术的真谛在于表达自我，婴幼儿自由涂抹正是一种自我表达的良好方式。

让婴幼儿喜欢上绘画吧！婴幼儿如果感觉到美术是好玩的，是快乐而自由的，那么自然会喜欢上绘画。

三、亲子课堂

1—2 岁婴幼儿的美术课堂安排了部分亲子课，出发点在于让家长也能拥有正确的观念，为婴幼儿提供自由的创作环境。同时，也因为 1—2 岁婴幼儿的自理能力还不够，比如系围裙、挤颜料时需要家长提供帮助。很多婴幼儿还处于口欲期，即使颜料为可食用颜料，家长也要看护婴幼儿，不要让婴幼儿把颜料放进嘴巴。

三原色是什么

任务评价

活动评价

评价项目	评价内容	单项分值	实际得分
教学态度（15 分）	“课前话语”等课前资料准备充分，教学儿歌、三原色卡片等教学资料准备齐全、规范。老师仪表端庄，着装大方得体，精神饱满。	5	
	尊重和爱护婴幼儿，给予婴幼儿充分的自由发挥的空间。	5	
	在课前有效地将“自由涂抹”的含义传达给家长。	5	
教学内容（30 分）	儿歌引入、感知三原色、引导涂鸦和赞许婴幼儿等教学内容娴熟，以引导涂鸦为主，表达流畅。知识点清晰，重点突出、难点突破，时间安排合理。	15	
	能尊重婴幼儿的自然认知状态，给予婴幼儿有效引导。	5	
	课后对课程内容进行修订完善。	10	
教学方法（20 分）	教学方法形式多样，能引导并启发婴幼儿思考和联想，给婴幼儿以创新的启迪。	10	
	合理、有效地运用多媒体和教学艺术。	5	
	课程中运用儿歌和拍手互动调动婴幼儿的积极性，促进婴幼儿理解。	5	
教学能力（20 分）	教学基本功扎实，有激情，有感染力。	10	
	活动组织能力强，能有效引导婴幼儿进行涂鸦表达。	10	

续表

评价项目	评价内容	单项分值	实际得分
教学效果（15分）	能有效调动婴幼儿的学习积极性，课堂气氛好。	5	
	婴幼儿能有效完成作品。	5	
	婴幼儿能对自由涂抹有一定的感悟。	5	
合计得分			

推荐阅读

［1］孙瑞雪．完整的成长——儿童生命的自我创造（全新增订第二版）［M］．北京：中国妇女出版社，2014.

［2］弗朗西斯科·贝托．彩虹象［M］．纸贵满堂，译．伯纳黛特·热尔韦，绘．南昌：江西高校出版社，2017.

任务二

“抽象画”手指涂抹游戏

任务描述

上次任务是婴幼儿用手掌来进行涂抹颜料的游戏，这一次任务要用手指来进行涂抹游戏，动作更精细。手掌自由涂抹游戏和手指涂抹游戏之间是递进关系。让婴幼儿自由地用手指去涂抹颜料，有意识地探索，感受涂抹游戏中的趣味，发展智力和想象力。

运用不同的手指点触，或者通过轻点和重点，会产生大点和小点，让婴幼儿感受大点和小点的区别。

任务准备

一、硬件准备

宽敞的活动室，相对安静的环境；适合 1—2 岁婴幼儿绘画的画桌（建议离地 40 厘米左右）、教学用白板（移动式白色讲板）。

二、经验准备

视频资料的准备。本次教学活动为亲子活动，基于构建良好的学校教育环境与家庭教育环境的需要，建议课前与家长沟通教学理念，以确保为婴幼儿营造一个被理解和不被打扰的涂鸦体验环境，以便激发和丰富婴幼儿的想象力、感知力。可以将“课前话语”做成 PDF 发到家长群，让家长明白在亲子涂鸦活动中自己充当的角色是服务者与欣赏者。当婴幼儿获取某种颜料有困难时，要帮助他们在大画板上获取颜料。在婴幼儿穿罩衣、洗手等需要帮助时给予帮助。老师在课堂中充当服务者的角色，在游戏过程为引导者的角色。

三、教具准备

白色 4 开水粉绘画纸（160—180 克）、装着红黄蓝三原色颜料的大画板、色环转盘。

操作流程

一、操作步骤

操作步骤	操作内容
操作步骤一：游戏引入	老师和婴幼儿跟着儿歌做手指运动。
操作步骤二：展示游戏工具和材料	老师展示绘画纸、画板、色环转盘等。

续表

操作步骤	操作内容
操作步骤三：宣布游戏规则	老师宣布将要进行游戏。婴幼儿可以用手指蘸上自己喜欢的颜料在画纸上涂涂抹抹。
操作步骤四：婴幼儿自由涂抹	婴幼儿用手指在画纸上自由地点按和涂抹。
操作步骤五：赞许婴幼儿	老师展示婴幼儿的作品，并表示肯定和赞许。

二、操作描述

（一）游戏引入

老师引导婴幼儿跟着儿歌做手指运动："一个手指点点点（老师伸出一根手指在婴幼儿身上轻轻点），两个手指敲敲敲（老师伸出两根手指在婴幼儿身上轻敲）。"

（二）展示游戏工具和材料

白色4开水粉绘画纸，装着红黄蓝三原色颜料的大画板，色环转盘。老师引导婴幼儿回忆三原色包括哪三种颜色。

（三）宣布游戏规则

老师向婴幼儿宣布："今天我们要进行一项好玩的游戏。"红黄蓝三种颜色的颜料都在一块大的画板上，婴幼儿可以用手指蘸上自己喜欢的颜色，然后在画纸上涂涂抹抹和点按（如果婴幼儿可以理解，老师就不需要用手演示蘸颜料涂抹的动作）。再引导婴幼儿想一想：如果蓝色和黄色做朋友，它们会变成什么颜色呢？红色和黄色做朋友，它们又会变成什么颜色呢？

（四）婴幼儿自由涂抹

经过上次的手掌涂抹游戏，婴幼儿已经对涂抹游戏有了初步的感知。老师引导婴幼儿运用手指来进行点和抹，尽力为婴幼儿营造一个自由轻松的创作环境。在这样的绘画游戏里，婴幼儿会感到画画很有趣。婴幼儿可以用食指或者其他手指进行单个指头的点按，会形成大小不一、自然排列的点；也可以用手指进行涂抹，会形成线条或者块面。通过老师的引导，有些婴幼儿会发现黄色和红色混合会变成橙色。

老师可以引导婴幼儿尝试表达心里的想法。比如："小朋友们，有没有什么东西是你们很喜欢的呢？我们试着用手指点出来吧！""嗯，这位小朋友说喜欢一棵大树哦。那我们可以用我们的手掌涂抹出树干，然后用手指点出树叶哦！"（作品欣赏环节中，有一位小朋友就用这样的方式涂画了一棵大树。）

图 1-2-1 婴幼儿现场手指涂抹作品

（五）赞许婴幼儿

婴幼儿自由涂涂点点的作品，和大师们的抽象绘画作品有类似之处。婴幼儿有意或者无意创作的各种点线面的组合，是其手指在纸面上生机勃勃的律动。老师可以将婴幼儿的作品进行排列，展示出来，并用语言肯定和赞许婴幼儿。婴幼儿看到自己的作品得到老师和家长的肯定，自然会充满成就感。

三、作品欣赏

图 1-2-2 婴幼儿作品

任务分析

重点：引导婴幼儿更有目的地去点按，促进幼儿有意识地进行涂抹表达，锻炼婴幼儿手部的精细动作。

关键点：①老师和家长对“自由涂抹”的理解；②引导婴幼儿通过较精细的手指运动进行游戏。

学习支持

一、教育的最终目的

引导婴幼儿成长为独立的健康的个体，是教育的最终目的。健康的个体是一个完整的系统，包括身体、情绪、感觉、心理、认知和精神等部分。

婴幼儿成长为完整的个体，需要经历漫长的过程。美国科学家调研了小时候失明的成年人通过手术恢复生理视觉功能的情况，发现被调查的人即使生理视觉功能恢复，依然无法正常地分辨物体，可见幼年时期的各种训练对人的心理、感觉、认知、身体、情绪和精神的成长非常重要。

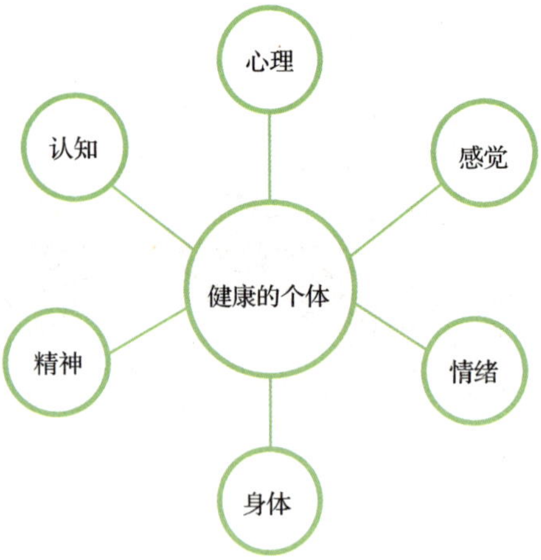

图 1-2-3　健康的自我

二、婴幼儿是自己身体的主人

婴幼儿需要感觉自己的身体。几个月大的婴儿经常吮吸手指，这是婴儿在感觉手。随着机体生理的成熟，手眼协调能力和身体平衡能力增强，婴幼儿慢慢地能够自由支配自己的身体，去感受和理解世界，发展内在天赋、心理和认知。

三、手掌自由涂鸦到手指有意识涂鸦

视觉元素点线面

涂鸦能引导低龄婴幼儿以游戏的方式进行探索，在玩耍中进一步了解红黄蓝三种颜色。老师要启发婴幼儿的想象力，引导他们大胆探索。在这次课堂游戏中，老师引导婴幼儿从手部的自由探索过渡到手指的有意识探索。

任务评价

活动评价

评价项目	评价内容	单项分值	实际得分
教学态度（15 分）	准备充分，教学资料齐全、规范。仪表端庄，着装大方得体，精神饱满。	10	
	课后对课程准备和教学仪态等进行分析总结。	5	
教学内容（30 分）	儿歌引导、色彩感知、手指涂鸦等教学内容详简得当，表达流畅。知识点清晰，重点突出、难点突破。内容充实，时间安排合理。	15	
	能联系婴幼儿手指精细动作和认知发展的实际情况组织活动。	5	
	课后对教学内容进行了补充。	10	
教学方法（20 分）	教学方法形式多样，能启发婴幼儿思考和联想，给婴幼儿以创新的启迪。	10	
	合理、有效地运用多媒体和教学艺术。	5	
	课程中对婴幼儿进行了适当鼓励和表扬。	5	

续表

评价项目	评价内容	单项分值	实际得分
教学能力（20 分）	教学基本功扎实，有激情，有感染力。	10	
	教学活动组织能力强，婴幼儿能跟随老师做动作。	10	
教学效果（15 分）	能有效调动婴幼儿的积极性，婴幼儿情绪饱满，活动气氛好。	5	
	婴幼儿乐意完成作品。	5	
	能有效引导部分婴幼儿从自由涂鸦过渡到有意识涂鸦。	5	
合计得分			

推荐阅读

[1] 孙瑞雪．爱和自由（珍藏版）[M]．北京：中国妇女出版社，2013.

[2] 孙瑞雪．捕捉儿童敏感期（珍藏版）[M]．北京：中国妇女出版社，2013.

[3] 新井洋行．好多好多颜色变变变 [M]．心喜阅童书，译．武汉：长江少年儿童出版社，2019.

任务三

自由线涂鸦真快乐

任务描述

涂鸦前，老师要引导婴幼儿用各种方式去观察线条在现实生活中的运用，能够发现生活中存在很多线条，感受不同线条的区别，然后通过联想进行抽象转化，促进婴幼儿大脑的发育和情感的表达。

在涂鸦过程中，老师引导婴幼儿感受线条的美妙变化，获得涂鸦线条的美好体验，并学会用线条来表达自己的内心世界。同时鼓励婴幼儿大胆活动手部，尝试协调身体动作，感受涂鸦带来的乐趣，以促使他们对环境及身边事物产生浓厚的兴趣，促进他们身体协调能力的发展，建立起物象与思维的联系。

任务准备

一、硬件准备

宽敞的活动室，相对安静的环境；适合 2—3 岁婴幼儿绘画的画桌、教学用白板。

二、经验准备

视频资料的准备。本次教学活动为亲子活动，基于构建良好的学校教育环境与家庭教育环境的需要，建议课前与家长沟通教学理念，确保为婴幼儿营造一个被理解和不被打扰的涂鸦体验环境，以激发和丰富婴幼儿的想象力、感知力。可以将“课前话语”做成 PDF 发到家长群，让家长明白在亲子涂鸦活动中自己充当的角色是服务者与欣赏者，当婴幼儿需要帮助时给予帮助。老师在课堂中充当的角色是服务者和引导者。

三、教具准备

棒棒彩、粗头勾线笔、全开画纸或画布、长短粗细不同的绳子数根、包含醒目线条的生活物品照片；艺术家点线面作品（包括黑白和彩色的抽象作品），选择容易引起婴幼儿共鸣的或婴幼儿喜欢的作品，尽量不选过于写实的作品；几首轻快的纯音乐。

操作流程

一、操作步骤

操作步骤	操作内容
操作步骤一：引导观察	引导婴幼儿观察各种长短、粗细、色彩不同的绳子。
操作步骤二：拓展想象	引导婴幼儿想象不同的线条。
操作步骤三：欣赏和感受	引导婴幼儿欣赏艺术家的作品。
操作步骤四：自由线涂鸦	婴幼儿用画笔在纸上自由地涂鸦线条。
操作步骤五：赞许婴幼儿	老师展示婴幼儿的作品，并表示肯定和赞许。

二、操作描述

（一）引导观察

生活中的线条无处不在。教师引导婴幼儿认识和区别直线和曲线，可以分三个步骤进行。首先让婴幼儿观察直线，例如，笔、书本、方盒子、墙角、地砖、马路等都是直的，但它们又有着长短、粗细的变化，这些线条有的显得安静庄严，有的显得刚劲有力。接着让婴幼儿观察曲线，例如，拉卷的飘带、小草、烫卷的头发、蜿蜒曲折的山脉、高低起伏的海浪等，它们都含有大量曲线，富有韵律变化，特别活泼可爱。最后让婴幼儿猜一猜直线和曲线之间可不可以相互转化，它们有没有什么关系。可以演示一根直直的绳子通过运动变弯了，或者通过图片展示笔直的马路是怎么变成复杂曲折的立交桥的等。可以给每个婴幼儿一根绳子，让他们尝试直线和曲线间的变化。婴幼儿会发现变化线条很有趣，并动手体验这种变化，获得对线条的感知和兴趣。

（二）拓展想象

在婴幼儿直接感受线条后，引导他们进行思考和想象。试着问问他们："你们还发现了哪些有趣的线条？你们觉得这些线条是什么样子的？是安静的还是调皮的？是胖胖的还是苗条的？它们有没有表情？……"注意用词一定要有趣生动，符合婴幼儿的理解力，促使他们进行联想。

（三）欣赏和感受

展示艺术家康定斯基、吴冠中和林风眠的作品。作品中各种亦动亦静、相互交织的线条如舞蹈般自由穿梭，将心灵、自然和艺术完美地结合在一起，呈现出一幅幅或强烈或温柔的画面。通过引导婴幼儿欣赏吴冠中、林风眠等中国画家的作品，让他们在蕴含着中国式艺术之美的作品中感受线条之美。老师可以播放音乐，让婴幼儿闭上眼感受，然后通过涂鸦线条来展示自己内心的想法和感受。婴幼儿的思维在涂鸦中得到很大发展，自身也会变得更加活泼自信。

林风眠介绍

（四）自由线涂鸦

（1）在进行线条涂鸦的过程中，鼓励婴幼儿尝试用不同粗细、深浅的笔来画线条，尽可能让他们在一张纸上画得丰富些，而不是画几笔换一张纸。这样婴幼儿能更好地感受到自己画出的线条，并获得更多的成就感。

（2）鼓励婴幼儿画出各种直线和曲线，要有变化。

（3）鼓励婴幼儿用不同的速度来涂鸦线条，感受它们有何不同。

（4）鼓励婴幼儿交替使用色彩笔画出更丰富的线条，探索出自己喜欢的、合适的表现工具和方式。

（五）赞许婴幼儿

鼓励婴幼儿大胆地分享自己的作品，老师和家长要给予肯定和赞许。婴幼儿通过共同欣赏和讨论彼此的作品，能增进相互之间的沟通和友谊。老师根据每位婴幼儿的作品总结其创作的特点，了解他们的个体差异，以便以后更好地进行辅导。

图 1-3-1　婴幼儿现场涂鸦线条作品

三、作品欣赏

图 1-3-2　婴幼儿作品

任务分析

重点：引导婴幼儿观察后再想象，而不是照着画，要凭主观感觉来进行线条涂鸦。在婴幼儿作画时，老师不要干涉他们，可在一旁引导其感受和联想，激发他们的表现欲，鼓励他们快乐地进行自我表达。

关键点：老师引导婴幼儿观察和了解各种线条的形态，感知其不同的美感。

学习支持

一、婴幼儿美术教育活动的制订依据

	阶段	年龄	心智特点
1	感知运动阶段	（0—2 岁）	婴幼儿主要通过感知运动图式与外界发生相互作用，一般在 9—12 月获得客体永恒的认知。
2	前运算阶段	（2—7 岁）	儿童进入智慧发展阶段，其思维已表现出符号性的特点，但仍具有具体形象性、不可逆性、自我中心等特征，尚未获得守恒的概念，存在泛灵论的思维。

婴幼儿对环境和社会的探索欲望很强烈，在自我发展的过程中，他们对线条的好奇和感觉也逐渐突显出来。他们开始对一些线条感兴趣，在胡乱涂鸦的过程中身体进行了运动，激发了极大的兴趣，获得了满足感。但要注意的是，这时婴幼儿涂鸦线条大部分时候是无法实现自我控制的，也无任何表征意义，他们还不能将自己所画线条与具体图像之间建立对应的联系，也不能有效地控制手部的动作。所以当他们涂鸦线条时，老师和家长一定不能强制干扰他们，更不能教他们应该怎么去画才能画出漂亮的线条和如何画得“像”，不到 2 岁的婴幼儿无法理解成人的想法，这样做会使其内心受到打击和产生挫折感，不利于他们的健康成长。

处于前运算阶段初期的 2—3 岁婴幼儿，对事物的认知和身体机能处于高速发展期，他们对线条较为敏感并开始产生强烈的兴趣。

线条能满足婴幼儿最初对世界的探索欲。不同方向的直线如水平线、垂直线、斜线会带给人不同的感觉，水平线通常给人以辽阔稳定之感，垂直线通常给人以刚直挺拔之感，斜线往往给人以流动空间感；而高低起伏的曲线则往往传达出独特的动感和节奏韵律感。同时，线条的长短、虚实、粗细、深浅、疏密等更是能够丰富画面并营造出不同的意境。

婴幼儿如果能够独立运动，并尝试协调身体保持平衡，就能进一步感受和融入周围环境，并对环境及身边事物产生浓厚的兴趣，促进身体进一步协调发展，建立起物象思维。老师和家长应引导婴幼儿感受线条的美妙变化，

获得涂鸦线条的美好经验，并学会画出更多丰富的线条来表现事物和表达自己的内心世界。

二、引导婴幼儿表达

每一位婴幼儿都是独特的存在，每个人心中的世界都是不一样的。让婴幼儿用线条来自由地表达自我，在每一次专注中，在每一次新的尝试和挑战里，婴幼儿会将眼中的平凡事物变成美丽的风景，自由地表达内心世界和情感。幼教工作者不是“教”婴幼儿去画成什么样子，而是引导他们去观察、发现、感受和思考怎么去表达。

在自由线涂鸦这个游戏里，婴幼儿画出来的线条是自由的，是自己想表达的轨迹。艺术作品也是自由的表达，没有拘束和固化思维的表达。千万不要用所谓的简笔画法去教婴幼儿画某一种物体。要让婴幼儿从小就知道，眼前的物体，我感觉它是什么样的，我就画成什么样的，我画的是我自己观察到的形态和自身的感受。幼教工作者需要秉承这样的意识：让婴幼儿画出自己观察到的形态，表达自己的感受。

任务评价

活动评价

评价项目	评价内容	单项分值	实际得分
教学态度（15 分）	准备充分，教学资料齐全、规范。仪表端庄，着装大方得体，精神饱满。	10	
	课后对课程准备和教学仪态等进行分析总结。	5	
教学内容（30 分）	观察生活中的线条、欣赏大师作品的线条、涂鸦各种线条等内容详简得当，表达流畅。知识点清晰，重点突出、难点突破。内容充实，时间安排合理。	15	
	配上合适的音乐，引导婴幼儿欣赏康定斯基、吴冠中、林风眠等艺术家作品中的线条。	5	
	课后对课程内容进行修订完善。	10	
教学方法（20 分）	教学方法形式多样，能启发婴幼儿思考和联想，给他们以创新的启迪。	10	
	能合理、有效地运用多媒体和教学艺术。	5	
	课后对教学方法进行了分析。	5	
教学能力（20 分）	教学基本功扎实，有激情，有感染力。	10	
	活动组织能力强，能引导婴幼儿感知不同线条并表达。	10	

续表

评价项目	评价内容	单项分值	实际得分
教学效果（15分）	能有效调动婴幼儿的积极性，情绪饱满，游戏气氛好。	5	
	婴幼儿能涂鸦不同的线条。	5	
	婴幼儿能通过手部精细动作有意识地表达线条。	5	
合计得分			

推荐阅读

让·皮亚杰.智力心理学［M］.严和来，姜余，译.北京：商务印书馆，2015.

任务四

我眼中的水果涂鸦

任务描述

2—3 岁的婴幼儿已经能分辨很多物体的基本特征，并常常结合绘画来展示和表达自己的好奇心。不同水果有不同的颜色、形状、大小、口味等，这一阶段的婴幼儿能有意识地对它们进行区分。通过认识生活中常见的水果，老师要逐步培养婴幼儿对复杂物体进行分辨和想象的能力；水果鲜明的色彩可以刺激婴幼儿眼部的发育，提高其对色彩的辨识度、敏感性；通过对比形状相似的水果来提高婴幼儿的观察力和感知力。

老师引导婴幼儿观察水果的形状，让婴幼儿说出水果的形状，并让婴幼儿进行绘画。当婴幼儿画出自己眼中的水果后，老师再引导婴幼儿观察水果的颜色，并用画笔、颜料表现他们感知到的色彩。

任务准备

一、硬件准备

宽敞的活动室，相对安静的环境；适合 2—3 岁婴幼儿绘画的画桌、教学用白板。

二、经验准备

视频资料的准备。本次教学活动为亲子活动，出于构建良好的学校教育环境与家庭教育环境的需要，建议课前与家长沟通教学理念，以确保为婴幼儿营造一个被理解和不被打扰的涂鸦体验环境，以便激发他们的想象力、感知力。可以将“课前话语”做成 PDF 发到家长群，让家长明白在亲子涂鸦活动中自己充当的角色是服务者与欣赏者，当婴幼儿需要时给予帮助。老师在课堂中充当的是服务者的角色，在游戏过程中充当引导者的角色。

三、教具准备

（1）水果：选择几种常见的具有代表性的水果，要注意包含不同形状、大小、颜色的水果，以及数个合适的果盘。

（2）教学材料：水果图片、水果相关视频、4 开画纸、彩色复写纸、勾线笔、马克笔、油画棒、水粉颜料等。（注意：可根据教学情况、婴幼儿的喜好及特点提供适当的绘画材料，但不宜让婴幼儿用过细的水彩笔来涂鸦。婴幼儿此时尚不能有效地控制手部动作，且对事物的注意力短暂，长时间着色会让婴幼儿失去兴趣和自信。）

操作流程

一、操作步骤

操作步骤	操作内容
操作步骤一：观察与讨论	引导婴幼儿观察水果并进行讨论。
操作步骤二：拓展知识	播放视频资料并引发婴幼儿的思考。
操作步骤三：感知色彩	请婴幼儿感受水果的丰富色彩。
操作步骤四：画出眼中的水果	请婴幼儿画出眼中的水果。
操作步骤五：赞许婴幼儿	老师展示婴幼儿的作品，并表示肯定和赞许。

二、操作描述

（一）观察与讨论

（1）按从简单到复杂的顺序依次展示水果。水果的形状多是圆的，引导婴幼儿比较观察后，告诉他们这些圆也有区别：或大或小，或饱满或扁平，或光滑或粗糙，有单个圆，也有几个圆相组合等。婴幼儿会跟随老师的节奏开始识别。

（2）水果身上还有什么东西呢？是不是还有果柄、叶片等？它们长得一样吗？有什么区别？让婴幼儿进行讨论并发言，大胆说出自己的想法。

（3）将水果切开，引导婴幼儿观察水果藏着什么秘密，里面有什么东西，比如有小果实、种子、果核。引导婴幼儿仔细观察这些事物的数量，它们是如何排列的。还可以引导婴幼儿进行联想：这些事物长得像什么？（像芝麻、花瓣、雨滴、宝石、眼睛……）以此来培养婴幼儿认真观察和思考的能力。

（二）拓展知识

通过相关视频资料，让婴幼儿了解水果的生长情况、生长环境、吃法等，让他们对水果充满好奇，想去了解更多关于水果的故事。老师提问：“你们知道世界上还有哪些水果吗？它们生长在哪里？”通过提问引发婴幼儿去思考与探索，提供想象的空间。

（三）感知色彩

水果有丰富多样的颜色，不同品种的水果颜色差异明显，同一种水果的颜色在不同生长期也有所不同。同时，灯光、环境等客观因素以及每个人的主观情绪的影响也会导致对颜色的感受有差异。让婴幼儿感受到水果丰富的色彩，让他们对色彩产生联想，引导他们用丰富的线条和颜色大胆表达，而不是简单地照着画水果。

（四）画出眼中的水果

整个过程一定要轻松和有趣。在自然放松的状态下，婴幼儿会更好地投入创作，专注表达。

（1）引导婴幼儿先画出几种自己喜欢的造型简单的水果，品种不要太接近。

（2）引导婴幼儿添加组件，进行一定的排列和组合，尝试画造型复杂的水果。

（3）引导婴幼儿丰富线条和增加细节，让水果看起来更可爱。

（4）引导婴幼儿上色，不要求画出水果本来的颜色，可以根据他们的喜好随意表现，画出丰富的色彩变化。

老师引导婴幼儿将水果进行不同角度、不同方式摆放，然后进行观察。之后引导婴幼儿凭借记忆和感觉来作画，不能要求他们画得写实，不强调形状的准确性，也不做示范。老师鼓励婴幼儿大胆运用笔墨，发挥想象。

图 1-4-1　婴幼儿现场涂鸦水果作品

（五）赞许婴幼儿

肯定和赞许婴幼儿的作品，告诉他们其作品有哪些优点，让他们知道每幅画都是独特的、漂亮的。收集婴幼儿的作品并展示出来，让他们能随时欣赏和分享自己的作品，更加热爱绘画这种探索世界、感知心灵和表达情感的方式。

三、作品欣赏

图 1-4-2 婴幼儿作品

任务分析

重点：引导婴幼儿去感知水果的形状等特点，通过观察、触摸甚至品尝来加深感知。引导婴幼儿将感受通过点、线和色彩来进行表达。

关键点：引导婴幼儿表达出自己观察到的水果。

学习支持

一、婴幼儿美术教育活动的制订依据

2—3 岁婴幼儿处于前运算阶段初期，因此要让婴幼儿在涂鸦过程中融入更多自己的想法。随着年龄增长，婴幼儿开始有意识地感知周围事物，会对一些物体产生好奇心并尝试自我摸索，同时他们也开始在所画的东西与具体物体之间建立起一定的联系，对形状的理解更深入，会更认真地观察物体的外在边缘线。

2—3岁的婴幼儿已经能分辨很多物体的基本特征，并常常结合绘画来展示和表达自己的好奇心。他们喜欢用能触摸到的、可用来作画的任何材料进行涂鸦。这些涂鸦作品不具备绘画中美的因素，也毫无章法和技巧，仅仅是婴幼儿单纯的探索和情绪的抒发。到3岁左右时，他们对物体的概念越来越清晰，同时手眼协调能力也得到了增强。这时他们可以用简单的线条画出物体，虽然看起来仍然比较抽象，但说明他们的思维和表达意识在逐渐加强。老师可以运用不同种类的物体来强化婴幼儿的观察和思考行为，提高婴幼儿的想象力和自我表现力。

二、表达自我感受

水果的轮廓较为圆滑，以曲线为主，同时内部结构又多变化。教师可引导幼儿观察这些细节，可以让他们更好地感受线条的丰富性，并尝试画出更多内容和变化。

感受色彩对婴幼儿认识世界有极大的促进作用。教师可引导婴幼儿认识水果的色彩，提高他们对色彩美的认识和感受力，激发他们对色彩的兴趣，鼓励他们进行独特而个性化的表达。

资料链接

很多老师会准备一些简笔画以备上课使用和做示范，但我们认为是不宜推荐的。老师在黑板上画出了某个物体后，要告诉婴幼儿：“这是老师观察到的、感受到的，那么小朋友们所感受到的是什么样子的呢？”随后鼓励婴幼儿画出自己眼中的物体。当婴幼儿有不一样的表达时，老师要表示赞许。

任务评价

活动评价

评价项目	评价内容	单项分值	实际得分
教学态度（15分）	课前准备充分，教学资料齐全、规范。仪表端庄，着装大方得体，精神饱满。	10	
	课后对课程准备和教学仪态等进行分析总结。	5	
教学内容（30分）	观察、拓展、感知和涂鸦水果等教学内容详简得当，表达流畅。知识点清晰，重点突出、难点突破。内容充实，时间安排合理。	15	
	引导观察和拓展环节符合婴幼儿的实际认知情况。	5	
	课后对课程内容进行了修订完善。	10	

续表

评价项目	评价内容	单项分值	实际得分
教学方法（20分）	教学方法形式多样，能启发婴幼儿思考和联想，给婴幼儿以创新的启迪。	10	
	合理、有效地运用多媒体和教学艺术。	5	
	课后对教学方法进行分析。	5	
教学能力（20分）	教学基本功扎实，有激情，有感染力。	10	
	活动组织能力强，婴幼儿能跟随老师做动作。	10	
教学效果（15分）	能有效调动婴幼儿的积极性，情绪饱满，课堂气氛好。	5	
	婴幼儿能感知水果的形状和色彩。	5	
	婴幼儿能将感知到的形状和色彩大胆地表达出来。	5	
合计得分			

推荐阅读

珍妮特·温特.马蒂斯的剪刀［M］.钟煜，译.北京：北京联合出版公司，2016.

项目小结

“艺术家”手掌自由涂抹游戏适合作为处在感知运动智慧阶段（12—18个月）和感知运动智慧的综合阶段（18—24个月）的婴幼儿的美术启蒙游戏。该游戏重点在于老师充分理解自由涂抹，并将自由涂鸦的理念传递给家长。

“抽象画”手指涂抹游戏让婴幼儿从手掌自由涂鸦过渡到手指有意识涂鸦。在自由轻松的环境中，婴幼儿运用手指去点按和涂抹，从手掌自由探索过渡到手指有意识探索。婴幼儿感知的过程需要成人的了解和保护。所以，游戏的重点是老师和家长对婴幼儿自由成长的理解。

自由线涂鸦真快乐活动中，婴幼儿观察各种线并进行自由线涂鸦。重点是老师引导婴幼儿去感受各种线条，鼓励婴幼儿表达自己感受到的线条。

我眼中的水果涂鸦活动引导婴幼儿感受水果的不同形态和线条的丰富性，并尝试将感受表达出来。老师要多鼓励婴幼儿，不要以“像”为标准来评判婴幼儿作品的好坏，而是要看到每个婴幼儿通过观察然后表达出来的特点。这是他们自己的感受，老师应该对其进行肯定。

思考练习

1. 手掌自由涂抹对婴幼儿成长的意义是什么？

2. 如何让婴幼儿通过观察生活中的物品感受线条的粗细、长短、曲直等不同？

实践实训

实训名称：枇杷园采风涂鸦

实训地点：枇杷园

实训内容：老师带领幼儿到枇杷园观察枇杷，引导幼儿运用手掌和手指进行涂鸦，以枇杷为主题创作涂鸦作品。

实训准备：

1. 确定采风地：提前考察枇杷园，选择合适的采风地。

2. 天气选择：外出前结合天气预报选择适合幼儿外出的时间，并做好遇雨改期的准备。

3. 实训工具准备：4 开画板；4 开画纸；厨房锡纸；橙色、绿色、棕色和黑色手指颜料；3—4 厘米宽的纸胶带。

4. 外出实训前 1—2 周发布亲子外出采风信息，将活动安排和细则告知家长。

实训要求：

1. 老师可以先引导幼儿观察枇杷的形状和颜色，然后引导幼儿用简单又丰富的涂鸦方式去表现枇杷。

2. 实训中，家长可以充当幼儿的小助手，给幼儿递工具等，可以积极正面地鼓励幼儿。家长不要去“教”幼儿画画，让老师来正确地引导。

3. 每一组家庭到了实训地后，到带队老师处领一套写生工具，在写生结束时交还给带队老师。

4. 活动中，家长不能擅自带幼儿离开；回家时，要事先和老师打招呼，幼儿和老师说“再见”后方可离开。

实训流程：

1. 用厨房锡纸拓印背景，让幼儿感受不同的绘画工具带来的新体验，可以适当留白，不需要幼儿拓印完整，以让画面有透气感。

2. 绘画树枝和树干。引导婴幼儿用手指涂鸦横线和竖线，让幼儿通过绘画感知方向，增强空间想象力。

3. 让幼儿用手指涂鸦圆圆的枇杷，锻炼手眼协调能力。

4. 让幼儿用手指点出枇杷黑色的果脐。

评价标准：

1. 手掌涂鸦和手指精细涂鸦综合运用。

2. 通过观察，进行有目的的涂鸦。

3. 对枇杷的形状和色彩进行表达。

4. 家长在幼儿绘画过程中积极正面地鼓励和辅助。

项目二

稚拙幼趣

项目目标

一、知识目标

1. 了解婴幼儿在美术教育活动中的特点。

2. 了解婴幼儿美术教育活动的目标与内容。

3. 掌握婴幼儿美术教育活动的实施途径、方法和指导要点。

二、技能目标

1. 能够选择与运用科学的教育方法，组织婴幼儿美术教育活动。

2. 能够根据婴幼儿的年龄特点、生活经验及发展需要，科学设计与实施婴幼儿美术教育活动。

三、素质目标

1. 正确认识美术教育活动对婴幼儿健康成长的重要作用。

2. 树立科学的婴幼儿美术活动教育观念。

四、情感目标

1. 了解婴幼儿情感交流的特点。

2. 了解在美术教育活动中成人与婴幼儿交流的方法。

3. 在美术教育活动中引导婴幼儿感受中国传统文化。

4. 在美术教育活动中帮助婴幼儿树立正确的价值观、人生观。

学习重难点

一、学习重点

1. 掌握婴幼儿美术教育活动的目标、内容、实施途径和指导要点。

2. 能够根据婴幼儿的身心发展特点，科学设计与组织实施美术教育活动。

二、学习难点

能够从家园共育方面引导婴幼儿形成良好的美术活动意识。

思维导图

- 稚拙幼趣
  - 熊猫宝贝创意手印画
    - 以手指印为创作元素，探寻熊猫的形态特点
    - 培养观察力、表现力、创造力
    - 培养爱国情怀
  - 精彩纷呈手掌拓印画
    - 探寻手掌印的形状和色彩差异
    - 培养色彩感知能力
  - 即兴创作彩色泡泡画
    - 通过吹印的方式探寻材料和色彩的特点
    - 培养色彩感知能力
    - 增进对传统文化的了解
  - 炫彩斑斓创意水滴画
    - 探寻色彩的变化
    - 提升对美术活动的兴趣
  - 中秋之夜创意吹画
    - 探寻传统节日中的色彩要素
    - 了解中国传统节日

任务一

熊猫宝贝创意手印画

任务描述

本次任务是指导婴幼儿用手指印出大小不同的椭圆。老师先将熊猫图片或视频展示给婴幼儿看，让其仔细观察熊猫的特点。引导婴幼儿用手指蘸取调色盘中的颜料，并印在白色A4纸上，婴幼儿可以在指定的图形中印手指印。在此过程中，引导婴幼儿认识不同的形状。最后通过创意连线等方式激发婴幼儿的学习兴趣和探索欲，让婴幼儿可以更好地运用自己的手指。

任务准备

一、硬件准备

教室、多媒体设备。

二、经验准备

视频资料。

三、教具准备

颜料、调色盘、毛笔、勾线笔、A4纸、水桶。

操作流程

一、操作步骤

操作步骤	操作内容
操作步骤一：展示熊猫的形象	老师将熊猫卡通图片展示给婴幼儿看。
操作步骤二：展示绘画工具和材料	老师将毛笔、纸、颜料等一一展示，并做简单介绍，示范使用方法。
操作步骤三：手掌涂色	老师选择颜料，并在颜料中加入适量清水进行调和。引导婴幼儿蘸取颜料。
操作步骤四：纸上印色	引导婴幼儿用沾满了颜料的手指在纸上有规律地按印。
操作步骤五：增加细节	老师协助婴幼儿完善细节。
操作步骤六：创意连线	用打印好的线条图片让婴幼儿填色。
操作步骤七：点评作品	老师对婴幼儿的作品进行点评。

二、操作描述

（一）展示熊猫的形象

老师先用语言描述熊猫的特点，让婴幼儿猜猜是什么动物，然后将熊猫卡通图片展示给婴幼儿看，让婴幼儿观察熊猫有什么特点。

（二）展示绘画工具和材料

现场展示绘画工具和材料并做简单介绍，示范使用方法。让婴幼儿摸一摸、看一看。

图 2-1-1　绘画工具和材料

（三）手掌涂色

老师选择黄色或白色颜料，并在颜料中加入适量清水进行调和，然后引导婴幼儿尝试蘸取颜料。

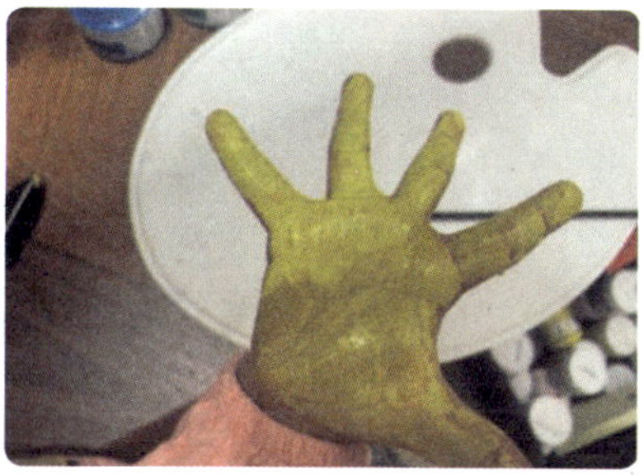

图 2-1-2　手掌涂色

（四）纸上印色

开始印色之前让婴幼儿尝试在空白纸上将手掌上的颜料抹得更均匀，并熟悉手掌在纸上拓印的感觉以及对手掌拓印形状的把握。引导婴幼儿在对熊猫形象有初步认识的基础上，用沾满了颜料的手在纸上有规律地按印出熊猫的大致轮廓。

图 2-1-3　纸上印色

（五）增加细节

老师或家长可用勾线笔协助婴幼儿勾勒出熊猫的耳朵、眼睛等细节，丰富效果，完善画面，让婴幼儿观察画面的变化。

图 2-1-4　增加细节

（六）创意连线

为帮助婴幼儿更好地认识熊猫的特点，更加有兴趣地开展活动，也可以先绘制好熊猫简笔画或者打印线条图片让婴幼儿进行手指填色。

图 2-1-5　创意连线

（七）点评作品

对婴幼儿的动手能力、创造力和想象力进行点评。婴幼儿用手指进行印画，表达对熊猫形象的认知，锻炼动手能力。鼓励婴幼儿积极创作，表扬婴幼儿的认真和细心，让其对手指画保持学习的兴趣。

三、作品欣赏

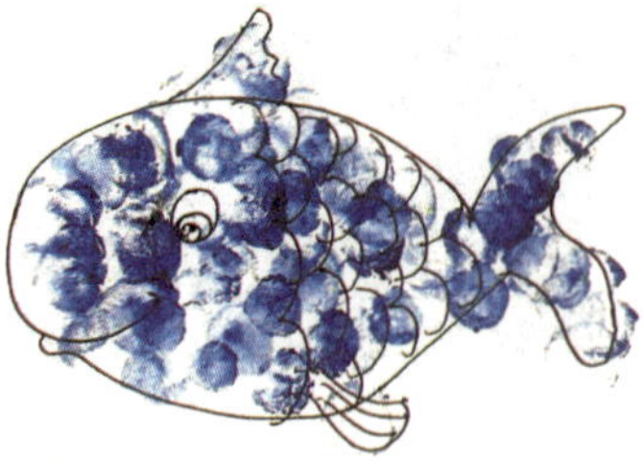

图 2-1-6　手指印画《鱼摆摆》

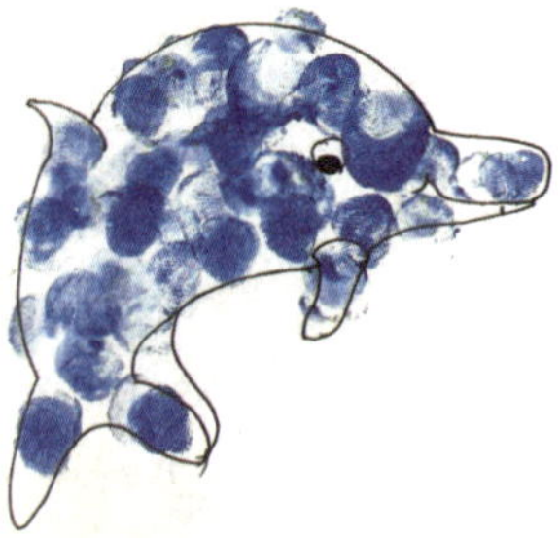

图 2-1-7　手指印画《海豚》

图 2-1-8　手指印画《水果》

任务分析

重点：引导婴幼儿用手指印画出指定形状，让婴幼儿熟悉熊猫的特征，锻炼其手指运动能力。

关键点：引导婴幼儿了解熊猫的特点。老师耐心地向婴幼儿介绍，并通过观察图片、观看视频等方式让婴幼儿对熊猫的特征有准确的认识和把握。

学习支持

一、艺术对婴幼儿发展的影响

（一）艺术是婴幼儿了解世界、传递情感的一种特殊“语言”

《3—6 岁儿童学习与发展指南》指出：“每个幼儿心里都有一颗美的种子。”这同样适用于 0—3 岁婴幼儿。绘画作为一种符号表现形式，具有与口语相似的功能。特别是对于 3 岁前的婴幼儿，在他们的语言发展还未成熟的时候，绘画就成了他们认识世界、感受世界及与世界进行交流的手段。婴幼儿作品中的线条特征、色彩喜好以及表达题材等，可一定程度上反映婴幼儿的个性。

（二）艺术促进婴幼儿全面发展

对于婴幼儿来说，艺术除了具有审美价值之外，还有其衍生价值。艺术的衍生价值主要是指婴幼儿通过艺术活动获得其他领域的认知、能力等，促进自身全面发展。例如画植物、动物，可以培养婴幼儿的观察能力。引导婴幼儿观察植物生长变化等现象，能促进婴幼儿热爱生命、关注自然。

二、婴幼儿美术启蒙教育的特点和要点

（一）婴幼儿美术启蒙教育的特点

婴幼儿美术启蒙教育要注重婴幼儿的审美感受。婴幼儿的审美感受是指婴幼儿在艺术作品的色彩、画面等刺激下产生的愉悦情绪。如通过熊猫宝贝创意手印画活动，婴幼儿关注到熊猫萌趣的形态，体验到欣赏和创作带来的愉悦感。婴幼儿美术启蒙教育要注重保护婴幼儿的创作欲望。虽然婴幼儿所画的圆不是那么“圆”，但也体现了婴幼儿创作的不成熟、粗糙的稚拙感。婴幼儿的创作还具有自发性、随机性的特点，不受成人艺术规则的束缚，具有独特大胆的想象力和个人特色鲜明的创造力。因此应注重婴幼儿创作的思维过程、艺术形式，减少对结果的关注，应以培养婴幼儿的创造意识、创作能力为主要任务。

（二）婴幼儿美术启蒙教育的要点

婴幼儿美术启蒙教育应选择与婴幼儿生活契合的内容。让婴幼儿投身到大自然与周围环境中，去发现、感受和欣赏自然风景和人文风光。关注各个领域蕴含的艺术美，挖掘不同形式的艺术美，如植物形态美、物体色彩美、动物形体美、运动美等。皮亚杰说过，儿童看到的、听到的新事物越多，就越想多看、多听。应引导婴幼儿关注物体的外在特征，注重培养婴幼儿的观察能力、概括能力，鼓励其动手创作，使其能够通过观察、概括和动手创作表达自己的感受和想象。

三、熊猫宝贝创意手印画任务特色

（一）培养婴幼儿观察能力

观察能力是发现美的重要条件，良好的观察能力有利于形成良好的思维习惯。0—3 岁婴幼儿处于涂鸦敏感期，特点是常以游戏的形式随意进行画线活动。熊猫宝贝创意手印画活动可以使婴幼儿更好地关注熊猫的形态

和颜色。老师可以引导婴幼儿采用不同的方法进行观察，引发婴幼儿的兴趣，培养婴幼儿的观察能力，让其发现生命的奇特，激起他们对自然万物的好奇心。

（二）培养婴幼儿表现能力、创造能力

婴幼儿美术启蒙教育注重培养婴幼儿的表现能力和创造能力。表现能力和创造能力是影响婴幼儿艺术审美的重要因素。创造能力是在丰富的经验基础上形成的。例如，熊猫宝贝创意手印画活动中，婴幼儿通过运用手指进行不同角度、不同轻重的叠印，对手指绘画有了更深的认识，同时发现了绘画的更多可能性，对绘画的材料、工具以及表现形式有了更多的思考，也培养了表现能力和创造能力。

（三）寄予家国情怀

婴幼儿美术启蒙教育内容应该与他们已有的生活经验相契合，具有文化内涵，符合婴幼儿自身发展的需要以及他们的喜好、兴趣。熊猫宝贝创意手印画活动以熊猫为作画元素。熊猫有着和平、团结的美好寓意，也象征人与自然和谐相处。熊猫还是我国国宝，因此该活动可以让婴幼儿在绘画过程中更加了解自己的祖国，潜移默化地培养热爱祖国、热爱大自然的情感。

熊猫文化

任务评价

活动评价

评价项目	评价内容	单项分值	实际得分
教学态度（15分）	准备充分，教学资料齐全、规范。仪表端庄，着装大方得体，精神饱满。	10	
	课后对课程准备和教学仪态等进行分析总结。	5	
教学内容（30分）	内容娴熟，详简得当，表达流畅。知识点清晰，重点突出、难点突破。内容充实，时间安排合理。	15	
	能联系婴幼儿生活实际。	10	
	课后对课程内容进行修订完善。	5	
教学方法（20分）	教学方法形式多样，能启发婴幼儿思考和联想，给婴幼儿以创新的启迪。	10	
	合理、有效地运用多媒体和教学艺术。	5	
	课程中对教学方法进行分析。	5	
教学能力（20分）	教学基本功扎实，有激情，有感染力。	10	
	活动组织能力强，婴幼儿能跟随老师做动作。	10	

续表

评价项目	评价内容	单项分值	实际得分
教学效果（15 分）	能有效调动婴幼儿的积极性，情绪饱满，课堂气氛好。	5	
	婴幼儿能有效完成作品。	5	
	分析课前课后婴幼儿的变化。	5	
合计得分			

推荐阅读

[1] 李思雯．幼儿教师美术欣赏领域教学知识及应用的个案研究［D］．南京：南京师范大学，2020.

[2] 丁玲．0 ~ 3 岁婴幼儿美术教育活动设计与组织策略［J］．成都师范学院学报，2019，35（1）：84–88.

任务二

精彩纷呈手掌拓印画

任务描述

本次任务的主要内容是手掌拓印。准备颜料并放入调色盘中，同时准备水粉笔或毛笔。老师先将颜料涂抹在手掌上，然后拓印在提前准备好的干净白色 A4 纸上。婴幼儿可以根据自己的喜好蘸取颜料（或者老师用毛笔蘸取颜料涂抹在婴幼儿的手上），然后将沾满颜料的手掌拓印在纸上，形成大小不一、颜色各异的手掌印。在此过程中，引导婴幼儿感知不同大小的手掌会拓印出大小不一的手掌印，感受“大”和“小”的区别；引导婴幼儿尝试用不同颜料拓印出颜色各异的手掌印，激发婴幼儿的探索兴趣。帮助婴幼儿了解拓印的原理，让婴幼儿更好地掌握拓印的技巧，也让婴幼儿更好地认识自己的手掌，关注手掌的结构和形态，从而培养婴幼儿对自己身体的探索欲。

任务准备

一、硬件准备

教室、多媒体设备。

二、经验准备

视频资料。

三、教具准备

颜料（或者有色食物，如番茄、菠菜、火龙果、紫薯等）、调色盘、毛笔、A4 纸（或者纯棉布）、水桶。

操作流程

操作步骤	操作内容
操作步骤一： 展示绘画工具和材料	老师展示绘画工具及材料，并做简单介绍，示范使用方法。
操作步骤二： 手掌涂色	让婴幼儿选择喜欢的颜色。老师在颜料中加入适量清水进行调和，涂抹在自己或者婴幼儿的手掌上进行示范。
操作步骤三： 纸上拓印	用涂满颜色的手掌在纸上拓印出手掌印。
操作步骤四： 增加细节	根据手掌拓印的形状适当增加细节，丰富效果，完善画面。
操作步骤五： 点评作品	对婴幼儿的作品进行点评。

二、操作描述

（一）展示绘画工具和材料

老师将毛笔、纸、颜料（尽量是鲜艳的颜色）等一一展示，做简单介绍，并示范使用方法。让婴幼儿摸一摸、看一看。（也可以将颜料改为有色蔬果，将纸改为棉布。）

图 2-2-1 手掌拓印示范

（二）手掌涂色

让婴幼儿选择 2—3 种喜欢的颜色，老师在相应颜料中加入适量清水进行调和。可以涂抹在老师自己的手掌上，也可以涂抹在婴幼儿的手掌上进行示范。

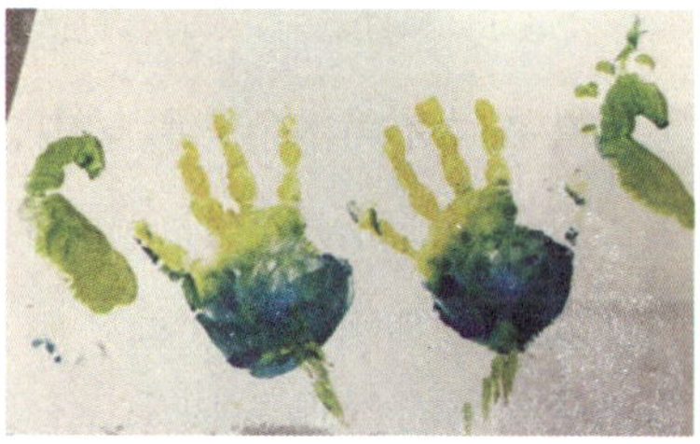

图 2-2-2 手掌拓印

（三）纸上拓印

将涂满颜料的手掌拓印在空白纸上。更换其他颜色重复第二步、第三步的动作，可以在手掌上涂抹不同颜色的颜料，拓印多色手掌印。

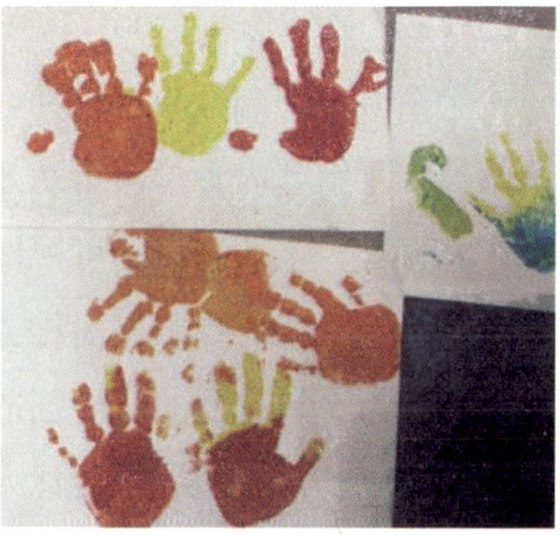

图 2-2-3 婴幼儿手掌拓印作品

（四）增加细节

根据手掌拓印的形状适当增加细节，丰富效果，完善画面，激发婴幼儿的想象力和创造力。

（五）点评作品

对婴幼儿的动手能力、创造力和想象力进行点评。婴幼儿已经能够很好地控制自己的手掌，并能根据示例图形进行手掌拓印。鼓励婴幼儿积极进行尝试，肯定婴幼儿的自主精神，表扬作品的完成度和创新性，让婴幼儿对手掌拓印画保持兴趣。

三、作品欣赏

图 2-2-4 手掌拓印画作品

图 2-2-5 手掌拓印画《仙人掌》

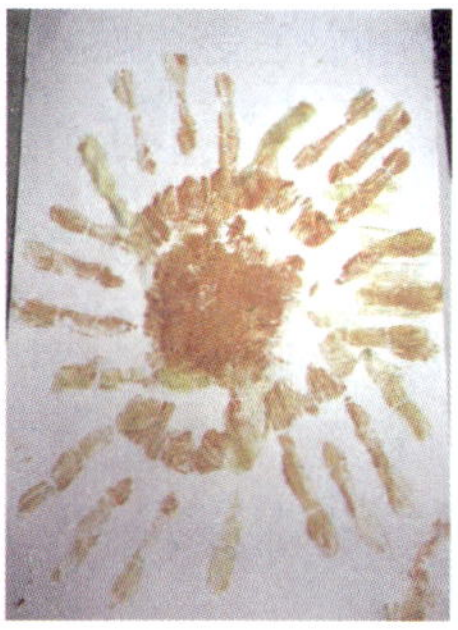

图 2-2-6 手掌拓印画《太阳》

任务分析

重点：引导婴幼儿用手掌拓印颜色各异的手掌印，并让婴幼儿观察手掌印的大小和手掌印的形状。

关键点：控制好颜料的稀释程度。各色颜料之间相互调和。

学习支持

一、婴幼儿艺术领域中色彩的价值

（一）婴幼儿美术教学中色彩的重要性

在婴幼儿美术色彩教学中，要积极使用新颖的教学方式，创新教学内容，丰富婴幼儿的情感体验，提高婴幼儿的艺术表达能力。美术教育的目的是让婴幼儿初步感受周围环境，欣赏生活中的美，让婴幼儿用自己喜欢的方式大胆创造，体会绘画的快乐。合理运用色彩，能让美术教学更加精彩纷呈，从而激发婴幼儿的创造欲望，提高他们的美术素养。

（二）婴幼儿美术教学中色彩的特征

色彩具有表现性和情感性。因此，通过观察婴幼儿运用的颜色可探知其心理情绪，了解其内心。但婴幼儿运用色彩也具有随意性。色彩具有装饰性，可以丰富画面，增加画面的可视性和审美性。在婴幼儿美术教育中，老师可以为婴幼儿创造一些与日常生活相关的绘画情境，在符合婴幼儿认知能力、理解水平的基础上，激发婴幼儿的创造力。例如，告诉婴幼儿为什么有的色彩会给人混乱的感觉，而有的色彩会让人感到生动活泼。以《向日葵》为例，凡·高在创作时很好地运用了留白和暗色，可以向婴幼儿介绍黑色及其他暗色的作用，帮助婴幼儿了解色彩相生相映的道理。

二、婴幼儿美术启蒙教育中的方式方法

针对不同年龄段的婴幼儿，要有不同的教学方式，因为不同年龄段婴幼儿的身心发展水平和学习特点不同。要想提高婴幼儿对色彩的感受能力和认知能力，就要让婴幼儿了解并接受色彩。如大自然中蕴藏着丰富的色彩，婴幼儿只要用心感受，就可以学到很多课堂上难以获得的色彩知识。因此，老师可以引导婴幼儿在生活中感受色彩，了解色彩的奥秘。要提高婴幼儿对美术作品的欣赏能力，就要让婴幼儿接触各种美术作品，丰富他们的艺术感受。学习色彩需要多开展绘画实践，这就要求婴幼儿能够运用多种绘画工具，如蜡笔、水彩笔、水粉等。在婴幼儿美术教学过程中，部分老师会让婴幼儿采用底色卡纸创作，因为这种方式能够让婴幼儿感受到色彩的张力，保留色彩原始的美感，有助于婴幼儿感知色彩。老师应该正确评价婴幼儿的作品，要给予肯定，鼓励婴幼儿

创作更多的作品，调动他们创作的积极性，这样才能提高婴幼儿对色彩学习的兴趣。

三、手掌拓印画活动特色

（一）注重色彩的趣味性

手掌拓印画这种新奇有趣的方式，能激发婴幼儿对色彩的兴趣。在手掌拓印画活动中，婴幼儿运用了多种感官发现色彩，认识色彩，体验色彩；婴幼儿的手、眼、脑相互配合，促进了思维能力、想象能力、动手能力以及创造能力的发展。

（二）促进婴幼儿情绪情感的发展

色彩的表达有助于促进婴幼儿情绪情感的发展，帮助婴幼儿更加准确地表达自己无法用语言来表达的情绪，丰富了婴幼儿的表达形式。在手掌拓印画活动中，老师可以引导婴幼儿将自己的主观情感融入创作中，让婴幼儿通过创作来表达自己的情感或想法。

（三）促进婴幼儿认知的发展

在手掌拓印画活动中，老师引导婴幼儿观察，丰富了婴幼儿的认知经验。拓印活动促进了婴幼儿手部协调能力的发展，使婴幼儿更好地支配自己的身体。

雕版印刷术

任务评价

活动评价

评价项目	评价内容	单项分值	实际得分
教学态度（15 分）	准备充分，教学资料齐全、规范。仪表端庄，着装大方得体，精神饱满。	10	
	课后对课程准备和教学仪态等进行分析总结。	5	
教学内容（30 分）	内容娴熟，详简得当，表达流畅。知识点清晰，重点突出、难点突破。内容充实，时间安排合理。	10	
	能联系婴幼儿实际情况组织活动。	10	
	课后对课程内容进行修订完善。	10	
教学方法（20 分）	教学方法形式多样，能启发婴幼儿思考和联想，给婴幼儿以创新的启迪。	10	
	合理、有效地运用多媒体和教学艺术。	10	
教学能力（20 分）	教学基本功扎实，有激情，有感染力。	10	
	教育活动组织能力强，婴幼儿能跟随老师做动作。	10	

续表

评价项目	评价内容	单项分值	实际得分
教学效果（15分）	能有效调动婴幼儿的积极性，情绪饱满，活动气氛好。	5	
	婴幼儿能有效完成作品。	5	
	分析课前课后婴幼儿的变化。	5	
合计得分			

推荐阅读

[1] 许媛．玩转缤纷色彩 开启艺术之门——浅谈幼儿色彩运用能力的培养[J]．好家长，2021（19）：74–75.

[2] 杨琼．探析色彩在幼儿美术教学中的价值[J]．美术教育研究，2021（13）：174–175.

任务三

即兴创作彩色泡泡画

任务描述

本次任务是对传统绘画方式的再创新。首先，老师将泡泡水（肥皂水或安全无毒的泡泡水）倒入纸杯中，待婴幼儿加入颜料后进行调制。然后，引导婴幼儿将吸管（单向吸管，只可吹气不可吸气）放入纸杯中蘸取少许泡泡水。最后，婴幼儿拿出吸管对着白纸吹泡泡，直到泡泡在变大的过程中接触到纸面破裂，从而在纸面上形成大大小小的圆圈和点。

在此过程中，老师引导婴幼儿观察不同颜色的泡泡水吹出的泡泡颜色，以及泡泡破裂时与纸面的距离与在纸面上形成的圆圈大小的关系。通过绘画实践增强婴幼儿的审美能力、色彩感知能力，激发他们的创作欲望，促进婴幼儿创造力和想象力的发展。同时，让婴幼儿感受宣纸在水和国画颜料的作用下的变化，增加对中国传统绘画工具和材料的认知。

任务准备

一、硬件准备

教室、多媒体设备。

二、经验准备

音视频资料。

三、教具准备

国画颜料（环保、无毒）、纸杯、毛笔、单向吸管、宣纸、勾线笔、毛毡。

操作流程

一、操作步骤

操作步骤	操作内容
操作步骤一：展示工具和材料	老师一一展示工具和材料，并示范使用方法。
操作步骤二：制作彩色泡泡水	老师引导婴幼儿将国画颜料放入透明的泡泡水中。
操作步骤三：吹印泡泡画	老师示范后，婴幼儿自由创作。
操作步骤四：创意连线	引导婴幼儿用勾线笔进行深加工，完成作品。
操作步骤五：评价和展示作品	老师对婴幼儿的作品进行评价和展示。

二、操作描述

（一）展示工具和材料

老师将毛笔、宣纸、毛毡、国画颜料、纸杯等工具和材料一一展示，并做简单介绍，示范使用方法。让婴幼儿摸一摸，闻一闻，涂一涂。

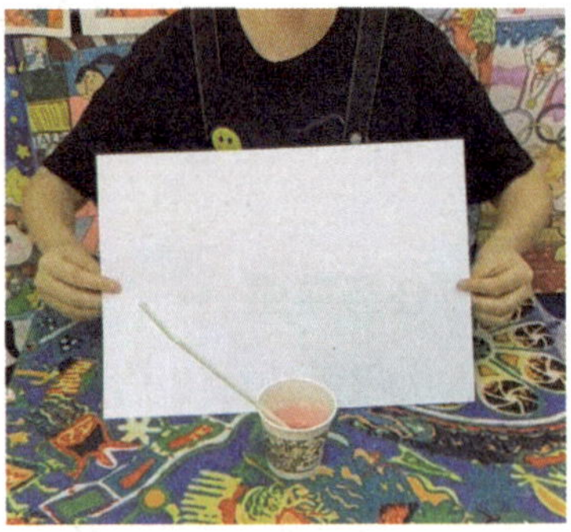

图 2-3-1　展示工具和材料

（二）制作彩色泡泡水

老师将配制好的肥皂水倒入纸杯中，引导婴幼儿将自己喜欢的国画颜料放入透明的泡泡水中。

图 2-3-2　制作彩色泡泡水

（三）吹印泡泡画

老师将宣纸固定在画板或者桌面上，在宣纸下面垫上毛毡。老师引导婴幼儿把吸管放入装有彩色泡泡水的纸杯中，蘸取少量泡泡水。老师先示范吹一个泡泡印在纸上，然后婴幼儿自由创作。

图 2-3-3　吹印泡泡画

（四）创意连线

引导婴幼儿用勾线笔将大大小小的泡泡用线连起来或者画上表情等进行深加工，完成作品。

（五）评价和展示作品

（1）老师对婴幼儿的作品进行评价，对其做出肯定和鼓励。

（2）老师对婴幼儿的作品进行展示，增加其自信心，激发其绘画兴趣。

图 2-3-4　创意连线

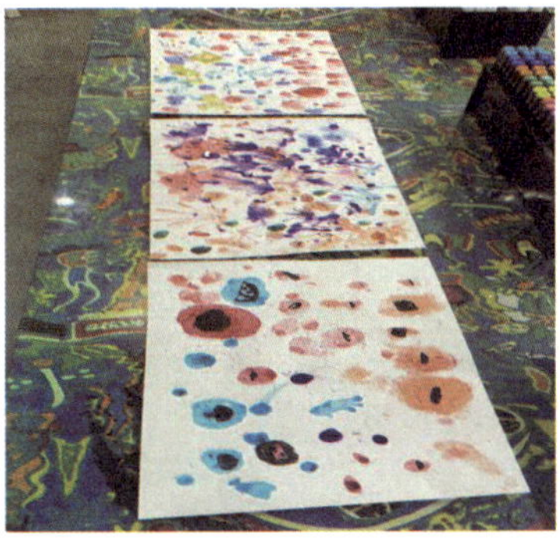

图 2-3-5　展示作品

三、作品欣赏

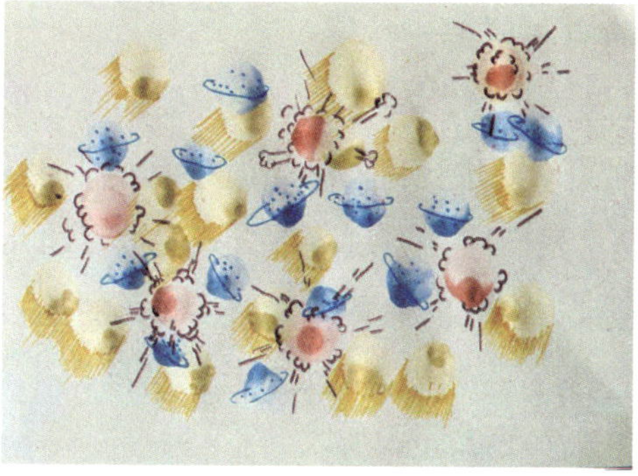

图 2-3-6　泡泡画《奇妙的行星世界》

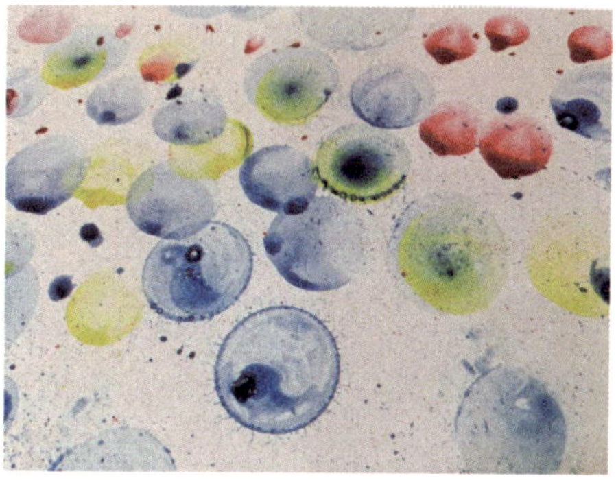

图 2-3-7　泡泡画《彩色泡泡的色彩印象》

图 2-3-8　泡泡画《奇妙的气球世界》

任务分析

重点：通过泡泡与宣纸的距离来控制泡泡的大小；通过泡泡水在宣纸上的变化了解宣纸的特性。

关键点：引导婴幼儿了解国画材料（颜料、宣纸）的特性。老师耐心地与婴幼儿沟通，通过语言引导、感觉强调、引导实验等方式让婴幼儿对国画材料有初步的认识。老师引导婴幼儿运用绘画材料展开丰富的想象。

学习支持

一、婴幼儿色彩、形状感知觉的特点与培养

0—1 岁是婴幼儿色彩感知能力的快速发展期，2—3 岁是培养婴幼儿色彩感知能力的最佳时期。在 0—3 岁经常对婴幼儿进行色彩感知训练，可促进婴幼儿色彩感知能力的发展。在这一时期，我们应当通过各种方式促进婴幼儿色彩感知能力的发展，其中色彩游戏是较为有效的一种方式。婴幼儿的色彩感知能力发展存在个体差异，也有性别差异，一般来说，女孩优于男孩。

我们可以从以下三方面来培养婴幼儿的色彩感知能力。

（1）通过绘画色彩游戏激发婴幼儿对色彩的兴趣。我们在幼儿园里常常能看到这样的现象：小班幼儿用他们喜爱的颜色画线条、画圆圈，虽然没有创造什么形象，但仍非常喜欢。这是因为婴幼儿产生了一种用色彩表达情绪的需要和欲望。这些活动能激发婴幼儿对色彩的强烈兴趣，还能让他们了解一些简单的色彩知识。在吹印泡泡画的活动中，婴幼儿会发现两种颜色混合时会产生新的颜色，老师就要引导婴幼儿去观察、去思考色彩的变化，从而让婴幼儿了解三原色及间色、复色产生的过程，使婴幼儿更好地感知色彩的变化。

（2）从自然界中寻找色彩。大自然是最好的老师，让婴幼儿在大自然中去感受天空、草地、山川、河流等实物的色彩，感受一年四季的色彩变化，并引导婴幼儿将这些感受表现出来。

（3）从绘画、书籍中去寻找色彩。好的绘画和书籍有助于提高婴幼儿的审美能力。古今中外有许许多多的优秀美术作品和书籍，这些美术作品和书籍能够为吹印泡泡画提供经验支持。

二、美术活动中婴幼儿想象力的培养

黑格尔说：“如果谈到本领，最杰出的艺术本领就是想象。”美术活动可以促进婴幼儿积极主动地思考，对发展他们的想象力和创造力有着十分重要的作用。

（一）有利于婴幼儿积累想象的素材

美术活动中的观察有利于婴幼儿积累想象的素材。美术是一门跟视觉紧密相关的艺术，观察是进行任何美术活动的必要前提。0—3 岁的婴幼儿正处在感知运动阶段和前运算阶段初期。在即兴创作彩色泡泡画的活动中，老师引导婴幼儿观察泡泡的形态、结构、颜色等，并鼓励他们用语言表达自己看到或想到的一切。观察其实是为婴幼儿提供感官刺激，丰富婴幼儿经验的过程。在观察的过程中，婴幼儿获得了大量的素材，这些素材就是激发他们展开想象的基础。婴幼儿在想象时，头脑中的画面自然就丰富了起来。

（二）有利于婴幼儿积极地想象

活动中的操作有利于发展婴幼儿的想象力。婴幼儿具有很强的好奇心和求知欲，而即兴创作彩色泡泡画活动就是充满操作性与趣味性的。在即兴创作彩色泡泡画活动中，老师会提供给婴幼儿用于吹画的材料，同时也会安排足够的时间和空间，引导婴幼儿通过画纸上的痕迹进行想象。

（三）有利于增强婴幼儿的自信心

美术活动应该以发展婴幼儿的想象力和创造力为出发点和落脚点，建立一种平等的师生关系，鼓励他们敞开心扉，展开想象的翅膀。老师用肯定、鼓励的态度来评价婴幼儿的美术作品，尊重婴幼儿的想法，并让他们有机会展示作品和表达创作心得。自己的作品得到了老师的肯定，婴幼儿内心会产生满足感和成就感，这种成功的体验会激励他们进行更大胆的想象。

婴幼儿美术活动不需要硬性规定他们活动后要创作出什么样的作品，也不要以固定的标准去衡量婴幼儿作品的好坏。美术活动应该是一种能让婴幼儿自由快乐地发挥其天性的活动，鼓励婴幼儿互相观摩作品，同伴之间相互学习。得到同伴的肯定，对婴幼儿想象力的培养极为有利。展示和说明自己作品的过程，也是婴幼儿整理自己想象思路以及分享想法的过程。

三、教师在美术活动中的角色

婴幼儿从出生开始就在不断地学习，这个世界的一切都是他们认识的对象，应当在不预设条件的情况下鼓励婴幼儿进行美术实践活动。基于视觉和触觉等感知觉的美术实践活动，如本任务中的即兴创作彩色泡泡画，对促进婴幼儿的感知觉发展有一定意义，活动中应当以婴幼儿为主，老师配合、支持、参与就可以了。

（一）老师是婴幼儿美术活动的配合者

老师在婴幼儿美术活动中的配合作用体现在创造美术活动条件和环境上，包括物质条件和精神条件的创造。比如在即兴创作彩色泡泡画的活动中，肥皂水、宣纸、毛笔、吸管等材料是重要的物质条件，老师应提供相应材料，让婴幼儿对本次美术活动产生兴趣。

（二）老师是婴幼儿美术活动的支持者

婴幼儿在进行美术活动时会遇到一定的困难。如在即兴创作彩色泡泡画的活动中，婴幼儿较难控制泡泡大小以及泡泡与宣纸的距离，就需要老师进行示范或者引导。当婴幼儿难以完成活动或是完成度不高时，就需要老师对活动内容进行讲解和提供帮助，对婴幼儿进行鼓励和安抚。

（三）老师是婴幼儿美术活动的参与者

在整个美术活动过程中，老师应当参与，这种参与是一种平等的、合作的，具有融入意识的参与。例如在即兴创作彩色泡泡画活动中，老师与婴幼儿一起想象，给大小不同的泡泡加上表情。

四、即兴创作彩色泡泡画活动特色

（一）感知多姿色彩

0—3 岁的婴幼儿处于涂鸦敏感期。该阶段是培养婴幼儿美术兴趣的重要阶段，婴幼儿对色彩和形状的感知尤为敏感。

（二）激发婴幼儿想象

艺术家罗丹曾说：“美到处都有，对于我们的眼睛，不是缺少美，而是缺少发现。”每一个孩子都是天生的艺术家，从出生开始他们就用眼睛去认真观察这个世界，用心去感受这个世界了，老师需要做的就是带领婴幼儿去发现美和创造美。

（三）了解传统材料

笔、墨、纸、砚是中国传统书法、绘画工具，其代表为宣笔、徽墨、宣纸、歙砚，它们的制作技艺更是被列入国家级非物质文化遗产名录。中国传统书法、绘画材料发展史在一定程度对应着中国书画艺术发展史。引导婴幼儿了解传统书法、绘画材料，能丰富其传统文化知识，做好文化传承，激发他们的爱国情怀等。

宣纸

任务评价

活动评价

评价项目	评价内容	单项分值	实际得分
教学态度（15 分）	准备充分，教学资料齐全、规范。仪表端庄，着装大方得体，精神饱满。	10	
	课后对课程准备和教学仪态等进行分析总结。	5	
教学内容（30 分）	内容娴熟，详简得当，表达流畅。知识点清晰，重点突出、难点突破。内容充实，时间安排合理。	15	
	能联系婴幼儿实际情况组织活动。	10	
	课后对课程内容进行修订完善。	5	
教学方法（20 分）	教学方法形式多样，能启发婴幼儿思考和联想，给婴幼儿以创新的启迪。	10	
	合理、有效地运用多媒体和教学艺术。	5	
	课程后对教学方法进行分析。	5	

续表

评价项目	评价内容	单项分值	实际得分
教学能力（20 分）	教学基本功扎实，有激情，有感染力。	10	
	教学活动组织能力强，婴幼儿能跟随老师做动作。	10	
教学效果（15 分）	能有效调动婴幼儿的积极性，情绪饱满，活动气氛好。	5	
	婴幼儿能有效完成作品。	5	
	分析课前课后婴幼儿的变化。	5	
合计得分			

推荐阅读

[1] 周翊 . 色彩感知学（修订版）[M]. 长春：吉林美术出版社，2015.

[2] 严虎 . 儿童绘画心理学 [M]. 北京：电子工业出版社，2020.

任务四

炫彩斑斓创意水滴画

任务描述

老师将不同颜色的颜料水倒入调色盘的不同格子中，婴幼儿可以根据自己的喜好蘸取调色盘中的颜料，然后将笔垂直于纸面，让笔上的颜料滴落在纸面上，形成大小不一的圆形。在此过程中，老师引导婴幼儿感知颜料滴落高度与在纸上形成圆的大小的关系，婴幼儿在反复的尝试中激发探索欲望。本次活动促进婴幼儿手部抓握能力的发展，同时也提升婴幼儿对色彩的感知力，感受色彩之美。

任务准备

一、硬件准备

教室、多媒体设备。

二、经验准备

视频资料。

三、教具准备

颜料（环保、无毒）、调色盘、毛笔、8 开以上大小的纸、水桶。

操作流程

一、操作步骤

操作步骤	操作内容
操作步骤一： 展示绘画工具和材料	老师一一展示绘画工具和材料，并做简单介绍。
操作步骤二： 制作彩色颜料水	老师制作彩色颜料水。
操作步骤三： 垂落水滴	用毛笔浸泡颜料水，让毛笔上的颜料水顺着笔头的方向滴落。
操作步骤四： 改变颜色	将毛笔洗净，蘸取其他颜色的颜料水。
操作步骤五： 观察水滴画	观察画面中水滴的颜色，通过水滴的大小去判断滴落的位置。

二、操作描述

（一）展示绘画工具和材料

老师展示毛笔、纸、颜料等绘画工具和材料， 并对毛笔、纸和颜料等绘画工具和材料的使用方法进行介绍。婴幼儿通过摸一摸、看一看，感受材料的特性。

图 2-4-1 绘画工具和材料

（二）制作彩色颜料水

让婴幼儿选择 2—3 种喜欢的颜色。老师在相应颜色的颜料中加入适量清水进行调和，制作成彩色颜料水。

（三）垂落水滴

婴幼儿用毛笔蘸满颜料水，使毛笔上的颜料饱满。将蘸满颜料水的笔垂立在纸上方不同高度，让颜料水顺着笔头的方向滴落。从不同高度滴落的颜料水在纸上呈现出大小、形状不一的痕迹。

图 2-4-2 用毛笔蘸取颜料

（四）改变颜色

洗净毛笔，蘸取不同颜色的颜料水，或是使用另一支蘸满其他颜色颜料水的毛笔，进行滴落作画。滴落在纸上的颜料水如果重合，颜色又会有怎样的变化？引导婴幼儿在操作的同时仔细观察，发现颜色变化的奥秘。

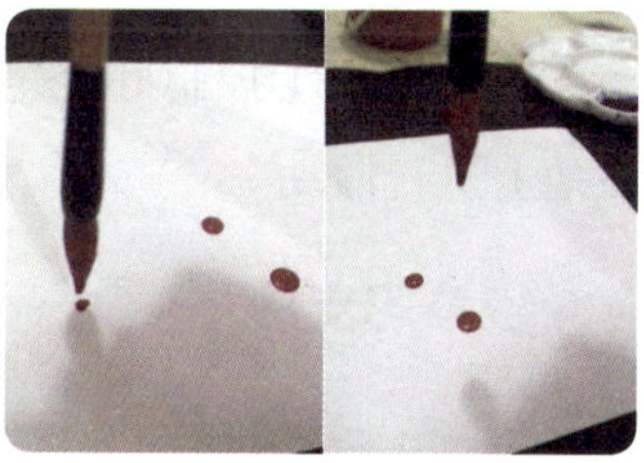
图 2-4-3 垂落水滴

（五）观察水滴画

引导婴幼儿观察呈现在画面中的水滴的颜色，让婴幼儿找到对应颜色。引导婴幼儿通过痕迹的大小去判断水滴是从高处滴落还是从低处滴落。

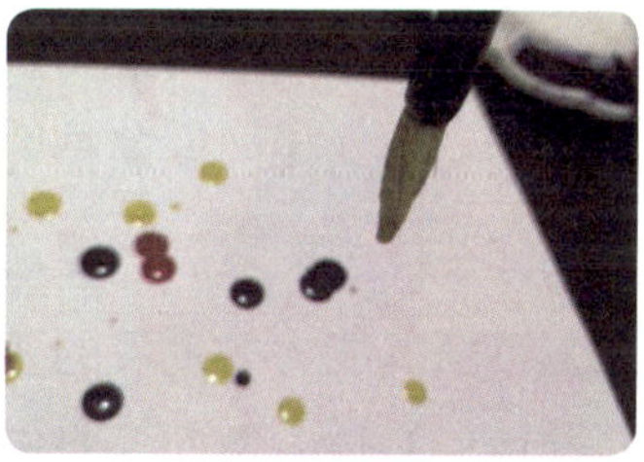
图 2-4-4 垂落不同颜色的颜料水滴

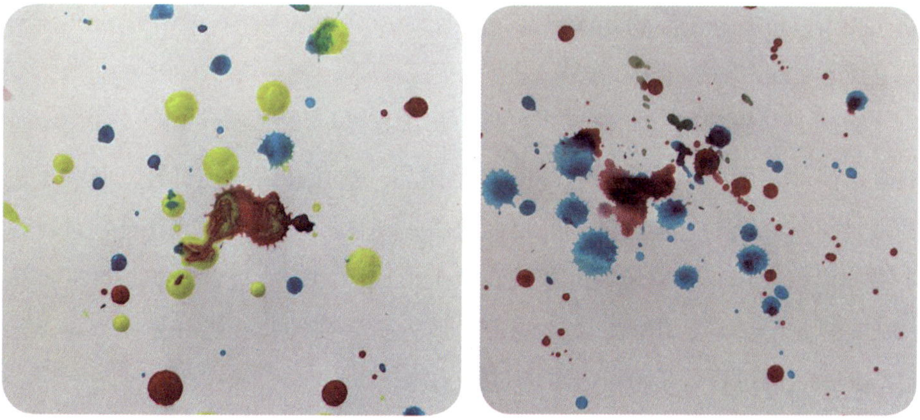
图 2-4-5 创意水滴画作品

三、作品赏析

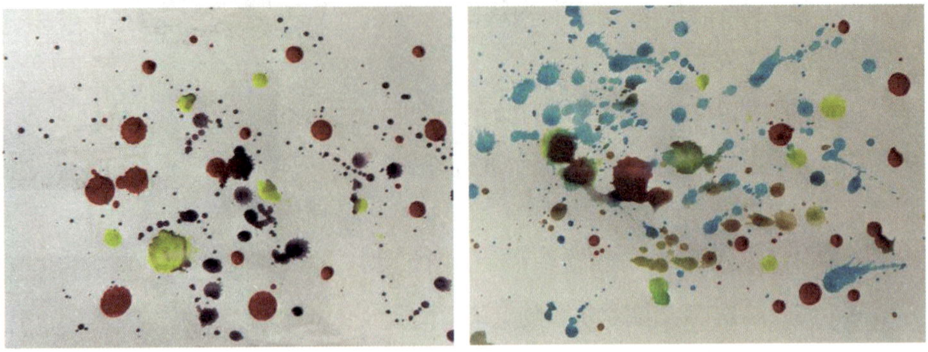

图 2-4-6　婴幼儿作品

任务分析

重点：让婴幼儿尝试从不同的高度垂落水滴，并观察从不同高度落下的水滴在纸上形成的圆痕的大小。

关键点：①控制好毛笔的水分；②纸张大小在 8 开以上；③可以将纸放在地上进行活动。

学习支持

一、0—3 岁婴幼儿的发展特点

（一）促进婴幼儿动作发展

婴幼儿对世界的最初认识源于动作，动作水平是婴幼儿发展水平的重要指标之一。动作的发展是婴幼儿探究环境的基础，并促进婴幼儿认知能力和社会交往能力的发展。婴幼儿动作发展的一个重要方面是手的抓握能力的发展，手抓握能力的发展的要点是五指分化和手眼协调，炫彩斑斓创意水滴画活动主要是培养婴幼儿对毛笔的抓握能力。婴幼儿要能够准确抓住成人从高低不一的位置递来的毛笔，从而促进动作发展。在创作过程中，将纸放在婴幼儿脚下，也有利于婴幼儿练习站立。

（二）促进婴幼儿认知发展

婴幼儿开始运用象征符号，意味着其认知发展有了质的飞跃。例如在游戏时，婴幼儿用小木凳当汽车，用竹竿做马，木凳和竹竿是符号，而汽车和马则是符号象征的物体。婴幼儿已能够将这二者联系起来，凭着符号对客观事物加以象征化。炫彩斑斓的水滴在纸上形成不同的痕迹，婴幼儿可以将其想成是糖果、弹珠、雨滴、毛毛虫等。成人引导婴幼儿描述并完成创意画，婴幼儿描述的过程也是语言发展的过程。

二、0—3 岁婴幼儿美术教育的特点

这个阶段的美术教育不是向婴幼儿灌输文化知识， 而是用直观的艺术形象去打动婴幼儿的心灵， 使其在美的熏陶下潜移默化地受到教育。因此，婴幼儿美术教育的最终目的不是培养“小画匠”， 而是让婴幼儿热爱美术，发现乐趣，形成良好的个性。

美术能力一般包括四个方面：观察能力、创造能力、审美能力和表现能力。观察能力是学习美术的基础，婴幼儿美术教育有利于良好观察习惯的形成。炫彩斑斓创意水滴画活动在培养婴幼儿抓握能力的同时，也需要婴幼儿观察颜料水从不同高度滴落在纸上形成的痕迹的大小，逐渐认识从同一高度滴落在纸上形成的痕迹大小差不多，越低痕迹越小，越高痕迹越大。在观察之后再引导婴幼儿对大小不一的痕迹进行联想，培养婴幼儿思维能力的同时培养其创造能力，也为审美能力和表现能力的发展打下坚实的基础。

三、炫彩斑斓创意水滴画活动特色

婴幼儿美术教育主要通过观察、体验、记忆、联想、创造等一系列活动，调动婴幼儿的一切感官， 让婴幼儿自己去发现美、感受美、创造美。

（一）婴幼儿美术兴趣的培养

教学方法应具有趣味性、多样性，使婴幼儿积极主动地参与活动。观察事物能促进婴幼儿认识事物、开阔眼界、增加知识。在炫彩斑斓创意水滴画活动中，婴幼儿在愉快的氛围中进行创作，对绘画充满了好奇与兴趣，并在玩耍的过程中去观察，去尝试理解，然后去画、去创造。整个全过程都是婴幼儿积极主动创造的过程，也是婴幼儿发挥聪明才智、体现审美意识的过程。在这个过程中，他们会变得自信、爱画，并一直保持浓厚的兴趣，实现了对婴幼儿美术兴趣的培养。

（二）尊重婴幼儿的视觉表达

在婴幼儿阶段，思维正在形成，没有被约束，天马行空，自由自在。我们应该尊重婴幼儿的视觉表达，允许他们自由创作。毕加索曾说过：“我 14 岁就能画得像拉斐尔一样好，之后我用一生去学习像小孩子一样画画。”可见这个时期的创作在人一生所有的美术创作中占据着十分重要的位置。成人应该将这个时期婴幼儿的创作记录下来，作为儿童美术创作中重要的一部分，并理解婴幼儿眼中的世界。在炫彩斑斓创意水滴画活动中，老师引导婴幼儿联想时要充分尊重婴幼儿对画面的描述，成人只是帮助他们记录这一过程。

毛笔的起源

（三）在美育中完善婴幼儿人格

美术实践活动包含了婴幼儿对美的事物的感知、领悟。婴幼儿把感知体验通过创作表达出来， 从中领悟到生命的意义和价值。在炫彩斑斓创意水滴画活动中，婴幼儿感知水滴的颜色、大小与形状，接触到颜色之美、形状之美；在创作的过程中融入了自己的热情，感知艺术之美，人格通过美育熏陶得以完善。

任务评价

活动评价

评价项目	评价内容	单项分值	实际得分
教学态度（15 分）	准备充分，教学资料齐全、规范。	10	
	仪表端庄，着装大方得体，精神饱满。	5	
教学内容（30 分）	内容娴熟，详简得当，表达流畅。	10	
	知识点清晰，重点突出、难点突破。	10	
	内容充实，时间安排合理。	5	
	能联系婴幼儿实际情况组织活动。	5	
教学方法（20 分）	教学方法多样，能启发婴幼儿思考和联想，给婴幼儿以创新的启迪。	10	
	合理、有效地运用多媒体和教学艺术。	10	
教学能力（20 分）	教学基本功扎实，有激情，有感染力。	10	
	活动组织能力强，婴幼儿能跟随老师做动作。	10	
教学效果（15 分）	能有效调动婴幼儿的积极性，情绪饱满，活动气氛好。	10	
	婴幼儿能有效完成作品。	5	
合计得分			

推荐阅读

［1］李雪，张家琼 .0 ~ 3 岁婴幼儿早期教育与活动方案［M］. 重庆：西南师范大学出版社，2020.

［2］王任梅 .0 ~ 3 岁婴幼儿艺术启蒙［M］. 北京：北京师范大学出版社，2020.

任务五

中秋之夜创意吹画

任务描述

老师将不同颜色的颜料水倒入调色盘的不同格子中，婴幼儿根据自己的喜好蘸取调色盘中的颜料，然后将笔垂直于纸面，让笔上的颜料滴落在纸面上，形成一个圆形的水滴。在老师和家长的帮助下，婴幼儿通过吸管对着水滴吹气，让颜料水向四周扩散。在此过程中，婴幼儿感知水在气的作用下运动，在反复尝试中激发探索欲望，提升了对色彩的感知力，增进了对中国传统文化的了解。

任务准备

一、硬件准备

教室、多媒体设备。

二、经验准备

视频资料。

三、教具准备

颜料（环保、无毒）、调色盘、毛笔、吸管、深色卡纸（蓝色、紫色、黑色等）、剪刀、胶水。

操作流程

一、操作步骤

操作步骤	操作内容
操作步骤一： 展示工具和材料	老师展示绘画工具和材料，并做简单介绍。
操作步骤二： 制作彩色颜料水	让婴幼儿选择喜欢的颜色，老师制作相应颜色的颜料水。
操作步骤三： 滴落彩色水滴	将蘸满颜料水的毛笔在纸上，滴落出一个较大的水滴。
操作步骤四： 吹出烟花	通过吸管将纸上的颜料水向四周吹开。
操作步骤五： 制作高楼	在深色卡纸上画出高楼的形状并剪下。
操作步骤六： 组合画面	将高楼剪影贴在吹画卡纸上，完成作品。

二、操作描述

（一）展示工具和材料

老师将毛笔、纸、颜料等绘画工具和材料一一展示，并做简单介绍，示范使用方法。让婴幼儿摸一摸、看一看，感受不同材料的特性。

图 2-5-1　绘画工具和材料

（二）制作彩色颜料水

让婴幼儿选择 2—3 种喜欢的颜色。老师在颜料中加入适量清水进行调和。

图 2-5-2　将毛笔蘸满颜料水

（三）滴落彩色水滴

引导婴幼儿将毛笔在颜料水中浸泡，将笔尖的颜料滴落在纸上，形成一个较大的水滴。

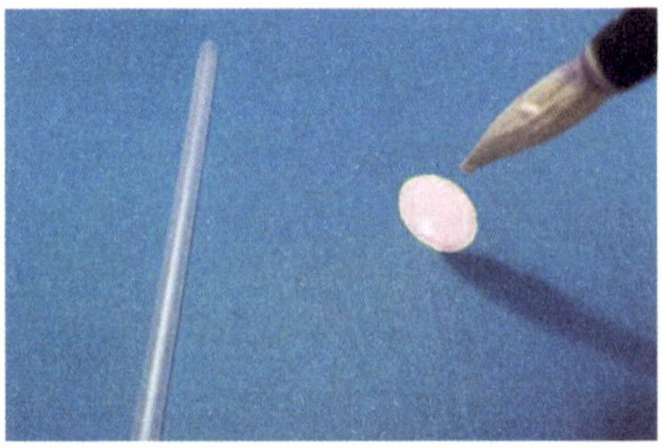

图 2-5-3　滴落彩色水滴

（四）吹出烟花

引导婴幼儿通过吸管将滴落在纸上的颜料水向四周吹开，让颜料像烟花爆炸一样四散开。

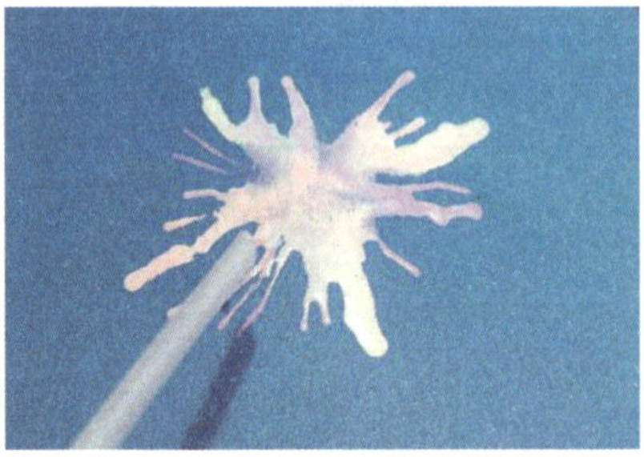

图 2-5-4　吹出烟花

（五）制作高楼

在深色卡纸上画出高楼的形状，用剪刀将高楼的轮廓剪出来，用小刀挖出房子上的窗户。如果婴幼儿还不能完成这一步骤，可由老师和家长事先准备好。

（六）组合画面

婴幼儿将胶水涂抹在已制作好的高楼剪影背面，再将高楼剪影贴在先前完成的吹画卡纸上，完成作品。

图 2-5-5　制作高楼剪影

图 2-5-6　组合完成作品

三、作品欣赏

图 2-5-7　婴幼儿作品

任务分析

重点：引导婴幼儿学会用吸管吹气这个动作，并在创作的过程中让婴幼儿了解中秋节相关常识。

关键点：①控制好颜料的水分，不宜太干；②颜料可以选择覆盖性强的颜料，如水粉；③卡纸需要准备两张不同颜色的。

学习支持

一、婴幼儿发展的敏感期

（一）口腔敏感期

敏感期往往是儿童身体和心理进入快速发育的时期。2—3 岁婴幼儿主要用口探索世界。这个时期的婴幼儿总是会把手放进嘴里，甚至把整个拳头都往嘴里塞。等到婴幼儿会抓东西时，他们就会把抓到的东西往嘴里放。家长要以一种包容的心态尊重他们的发展，尽量满足他们的需求。中秋之夜创意吹画活动让婴幼儿发现，嘴巴除了可以吃东西以外，还可以吹气，帮助婴幼儿顺利度过敏感期，更好地探索世界。

（二）手敏感期

手敏感期是婴幼儿动作发展必须经历的一个时期。在这一时期，婴幼儿用手探索环境，感知世界，主要表现为手部抓握技能的发展。在中秋之夜创意吹画活动中，婴幼儿握住吸管吹气。如果婴幼儿手部动作发展得很好，还可以让婴幼儿独立握笔将颜料滴在纸上，以便更好地锻炼婴幼儿手部的抓握技能。

（三）模仿敏感期

从出生起，婴幼儿就开始模仿了。不过研究表明，只有到 1 岁左右时，婴幼儿的模仿才是真正意义上的模仿，具有自我意识的模仿。模仿是儿童很重要的智力发展过程。模仿行为表明儿童的心智已经发展到可以领悟和掌握某种行为了。在中秋之夜创意吹画活动中，老师示范吹画后，婴幼儿的模仿能力会让他快速习得这一技能。

二、0—3 岁婴幼儿美术的特点

上一个任务主要是培养婴幼儿的观察能力，而中秋之夜创意吹画活动则主要培养婴幼儿的创作能力。婴幼儿通过吸管吹气，让颜料水四散开，像烟花爆炸一样，这一新奇的玩法会让婴幼儿不断尝试从不同角度吹气，在吹的过程中发展创造能力。

三、中秋之夜创意吹画活动的特色

（一）美术游戏

婴幼儿处在自我意识强烈的时期。这一时期的美术教育是以游戏和活动的形式开展，培养的是婴幼儿对美术的兴趣。中秋之夜创意吹画活动是让婴幼儿和有颜色的水一起“玩耍”，婴幼儿在创作的过程中没有压力，在一次次色彩的绽放中，婴幼儿感受到艺术之美，对美术产生兴趣。

（二）发现美与创造美

在中秋之夜创意吹画活动中，婴幼儿通过吸管吹气，让颜料四散开，发现颜料水的形状变了，形成爆炸状，而且觉得这个形状挺有意思，和烟花很像。婴幼儿在老师的步步引导下完成整幅作品的创作，是从发现美到创造美的过程。

（三）融入传统文化

中秋节的习俗

2006 年 5 月 20 日，国务院将中秋节列入第一批国家级非物质文化遗产名录。自 2008 年起，中秋节被列入国家法定节假日。在中秋之夜创意吹画活动中，老师将中秋节的传统习俗在潜移默化中传递给婴幼儿，婴幼儿在创作的同时也接受着传统文化的洗礼。

任务评价

活动评价

评价项目	评价内容	单项分值	实际得分
教学态度（15分）	准备充分，教学资料齐全、规范。	10	
	仪表端庄，着装大方得体，精神饱满。	5	
教学内容（30分）	内容娴熟，详简得当，表达流畅。	10	
	知识点清晰，重点突出、难点突破。	10	
	内容充实，时间安排合理。	5	
	能联系婴幼儿实际情况组织活动。	5	
教学方法（20分）	教学方法形式多样，能启发婴幼儿思考和联想，给婴幼儿以创新的启迪。	10	
	合理、有效地运用多媒体和教学艺术。	10	
教学能力（20分）	教学基本功扎实，有激情，有感染力。	10	
	活动组织能力强，婴幼儿能跟随老师做动作。	10	
教学效果（15分）	能有效调动婴幼儿的积极性，情绪饱满，活动气氛好。	10	
	婴幼儿能有效完成作品。	5	
合计得分			

推荐阅读

［1］严虎，刘杨娣 .2 ~ 6 岁儿童绘画与心理发展［M］. 长沙：湖南教育出版社，2019.

［2］徐华莉 .0 ~ 3 岁儿童艺术启蒙与指导［M］. 上海：复旦大学出版社，2014.

项目小结

熊猫宝贝创意手印画，是结合婴幼儿发展特点的美术活动项目。该项目通过熊猫宝贝创意手印画的任务实践达成教学目标，并通过老师讲解示范和婴幼儿实践活动任务从而突破重难点，达到活动目标 。

精彩纷呈手掌拓印画，是结合婴幼儿发展特点的美术活动项目。该项目通过精彩纷呈手掌拓印画的任务实践达成教学目标，并通过老师讲解示范和婴幼儿实践活动任务从而突破重难点，达到活动目标。

即兴创作彩色泡泡画，是结合中国传统绘画材料的婴幼儿美术活动项目。该项目通过即兴创作彩色泡泡画的任务实践达成教学目标，并通过老师讲解和婴幼儿实践绘画任务从而突破重难点。

炫彩斑斓创意水滴画，是结合婴幼儿发展特点的美术活动项目。该项目通过炫彩斑斓创意水滴画的任务实践达成教学目标，并通过老师讲解和婴幼儿实践绘画任务从而突破重难点。

中秋之夜创意吹画，是结合婴幼儿发展特点的美术活动项目。该项目通过中秋之夜创意吹画的任务实践达成教学目标，并通过老师讲解和婴幼儿实践绘画任务从而突破重难点。

思考练习

1. 如果婴幼儿对熊猫的形态把握不准确，老师该如何引导？

2. 如果婴幼儿没有用颜料把手掌涂满就开始拓印，老师该如何引导？

3. 传统绘画材料在婴幼儿美术教学中该如何创新运用？

4. 如果发现婴幼儿在用毛笔蘸取颜料后无法将颜料水滴在纸上，老师该如何引导？

5. 如果发现婴幼儿在吹烟花时没有吹出绽放的效果，老师该如何引导？

实践实训

实践任务：创意材料绘画《洗衣服——小手和肥皂泡》

实践目标：

1. 引导幼儿利用材料制作手掌拓印画。

2. 引导幼儿用吹印的方式作画。

实践准备：

颜料、笔、卡纸、调色盘、围裙、吸管、肥皂水、纸杯等。

实践过程：

1. 讲述妈妈或者其他家人洗衣服的辛劳，引导幼儿理解家人并尝试自己洗衣服，鼓励幼儿参加力所能及的劳动。

2. 用大号调色盘调制各种不同的颜色，用于手掌拓印。

3. 用无毒颜料和肥皂水制作彩色泡泡水，让幼儿观察泡泡的颜色。引导幼儿思考怎么把这些漂亮的颜色“搬”到纸上。

4. 手掌拓印。引导幼儿用手掌蘸取不同颜色的颜料，并把自己的手掌拓印在卡纸上。完成此步骤后，让幼儿将手洗干净。

5. 吹印泡泡。引导幼儿用吸管蘸取纸杯中不同颜色的颜料，吹印到卡纸上。

6. 让幼儿观察画面，并引导其用笔在画面中加入盆子、搓衣板等洗衣服的工具，创作出“快乐洗衣服”的画面，同时让幼儿体会到劳动最光荣。

思政融入：

1. 引导幼儿理解父母或其他家人的辛勤付出，用力所能及的方式回报他们。

2. 加深幼儿对劳动的认知，鼓励其积极参加劳动，产生热爱劳动的意识。

参考文献

［1］林琳，朱家雄．学前儿童美术教育与活动指导［M］.3 版．上海：华东师范大学出版社，2014.

［2］张念芸．学前儿童美术教育［M］.3 版．北京：北京师范大学出版社，2014.

［3］张文军，宿高峰．学前美术基础与创作［M］．上海：华东师范大学出版社，2014.

［4］刘宏燕．浅析学前美术教育的重要性［J］．艺术科技，2014（12）：261.

项目三

创意表现

项目目标

一、知识目标

1. 引导婴幼儿学习绘画中捏、拼、贴、画等方法。

2. 引导婴幼儿认识绘画图案与色彩，并能通过绘画工具表达出来。

二、技能目标

1. 通过捏、拼、贴、画等练习，提升婴幼儿的动手能力。

2. 通过美术活动，培养婴幼儿的观察能力。

三、素质目标

1. 通过美术活动，让婴幼儿感受点、线、面的构成美感。

2. 通过创作过程，培养婴幼儿的审美情趣，激发其对艺术活动的兴趣。

四、情感目标

1. 通过美术活动，引导婴幼儿发现自然美，感知生活中的美好，激发婴幼儿的好奇心，并培养其热爱大自然的情感。

2. 通过励志故事绘本穿插，培养婴幼儿独立坚强的个性品质。

学习重难点

一、学习重点

1. 美术创作中点、线、面的表现。

2. 掌握婴幼儿美术绘画工具的使用方法。

二、学习难点

1. 绘画活动中婴幼儿对事物形状特征的表现能力。

2. 绘画活动中婴幼儿想象力的激发。

思维导图

- 创意表现
  - 神奇仙人掌陶泥雕塑
    - 观察仙人掌的形状特点
    - 锻炼婴幼儿手部的抓握能力
    - 提升婴幼儿的专注能力
    - 培养婴幼儿对陶文化的热爱之情
  - 奇幻海底世界材料装置创意绘画
    - 了解简单的海洋知识
    - 激发婴幼儿的想象力和创造性思维力
    - 培养婴幼儿保护海洋环境的意识
  - 有趣的毛毛虫卡纸拼贴画
    - 观察毛毛虫的形状与颜色
    - 提升婴幼儿的观察能力
    - 培养婴幼儿的动手能力
    - 培养婴幼儿亲近自然的情感
  - 好饿的小蛇彩泥手工画
    - 观察小蛇的造型变化
    - 锻炼婴幼儿搓、捏、贴的手工技能
    - 促进婴幼儿对点线面构图的感知
    - 培养婴幼儿热爱动物的意识

任务一

神奇仙人掌陶泥雕塑

任务描述

本任务的主要内容是让婴幼儿观察仙人掌的特点，体验陶泥质感，并以其为材料，发挥想象力，捏出自己喜欢的形状，创作属于自己的“仙人掌家族”。

在此过程中，老师引导婴幼儿感知仙人掌的形状、大小、颜色，引发婴幼儿的兴趣，激发婴幼儿的创作欲望，同时让婴幼儿利用陶泥或综合材料塑造出不同的植物形状，并用夸张的色彩进行描绘，创造出想象中的植物家族。

任务准备

一、硬件准备

宽敞明亮的教室，具有较大桌面、高矮合适的桌子。

二、经验准备

有关仙人掌、陶泥创作的视频资料。

三、教具准备

课件、免烧陶泥、垫板（木板、胶板）、扭扭棒、铁丝、帕子、水桶、游戏道具（仙人掌模拟工具）。

操作流程

一、操作步骤

操作步骤	操作内容
操作步骤一： 课程导入	老师利用服装道具，激发婴幼儿对活动的兴趣。
操作步骤二： 陶泥创作步骤示范	老师向婴幼儿示范如何用陶泥制作仙人掌等造型。
操作步骤三： 婴幼儿操作，老师指导	在老师的指导下，婴幼儿进行陶泥作品创作。
操作步骤四： 作品展示	老师将作品放置在展示台上，鼓励婴幼儿围绕作品讲述故事。

二、操作描述

（一）课程导入

1. 老师装扮成仙人掌，敲门进入并提问：“小朋友们，你们好！有认识我（仙人掌）的吗？”

老师引导问答：我是一棵全身都是刺的植物——仙人掌。

2. 老师提问："你是怎么认识生活在沙漠里的我的？我有什么特点呢？"

老师引导问答：它有尖尖的刺。

老师提问："我这棵仙人掌是圆滚滚的，那我的好朋友们是什么样的呢？"（展示课件中仙人掌的图片）

老师引导问答：有的仙人掌扁扁的；有的仙人掌圆圆的；还有的仙人掌像大树，高高的。

老师提问："艺术家们创作的仙人掌是什么样的呢？"（出示艺术家作品的图片）

老师引导问答：有的圆圆的，有的长长的，有的扁扁的，它们有不同的形状。有的仙人掌还有眼睛，有的仙人掌与其他事物组合在一起表现，这是艺术家们发挥了他们的想象力创作出来的。

老师提问："小朋友们，你们心中神奇的仙人掌可以和什么结合在一起呢？"

老师引导回答：说出自己喜欢的事物，如动物、水果等。

老师小结：了解了仙人掌的特征，学习了艺术家们有关仙人掌的作品（将仙人掌和其他事物组合在一起），那我们可以将自己喜欢的事物（如水果、动物等）与仙人掌组合在一起，创作出属于我们自己的独一无二的仙人掌。

（二）陶泥创作步骤示范

1. 老师展示陶泥，激发婴幼儿创作的兴趣。

可以让婴幼儿先拿一小块陶泥在手里，反复捏，感受陶泥的质感。

2. 老师讲解、示范制作步骤。

操作步骤一：选择材料。

老师讲述仙人掌的生存环境，以及艺术家亚当和泰莉的作品，让婴幼儿选择自己喜欢的仙人掌品种。老师准备好需要使用到的材料：铁丝、免烧陶泥、扭扭棒、湿帕子等。

图 3-1-1　工具和材料

操作步骤二：造型包裹。

老师用扭扭棒缠绕在铁丝上并扭出形状。然后选取陶泥，将陶泥搓圆再用手

图 3-1-2　用扭扭棒缠绕造型

轻轻压扁，用压扁的陶泥从上到下包裹扭扭棒。婴幼儿在创作时可自由发挥。

操作步骤三：创作其他植物或动物。

完成仙人掌主体造型后，可根据场景需要再进行创作。可制作不同种类的仙人掌或小动物。

图 3-1-3　创作其他植物或动物

操作步骤四：创意装饰。

待陶泥完全干后上色。需要的工具和材料有颜料、水桶、帕子等。教婴幼儿如何运用颜料和笔进行上色，握笔时尽量握在铁杆处；上色点颜料时可以轻一点，从下往上，充分发挥想象力。

图 3-1-4　上色

图 3-1-5　陶泥作品

（三）婴幼儿操作，老师指导

1. 提醒婴幼儿在缠绕铁丝时要包裹紧一些。

2. 鼓励婴幼儿大胆地将陶泥用搓圆、压扁等方法包裹铁丝。

3. 鼓励婴幼儿将自己喜欢的事物（如水果、动物等）与陶泥组合创作，使场景更加丰富和独特。

4. 婴幼儿在上色时可根据自己的喜好进行色彩搭配，也可以纯色为主。

（四）作品展示

1. 老师将婴幼儿的作品放在展示台上，让婴幼儿相互欣赏。

2. 请婴幼儿结合自己的作品，讲述自己心目中仙人掌的故事。

三、室内课堂鉴赏

图 3-1-6　婴幼儿制作陶泥作品

图 3-1-7　陶泥作品

四、户外课堂鉴赏

（一）选择创作环境

老师结合平板电脑讲解课程内容，让婴幼儿了解仙人掌的生存环境，再让婴幼儿在植物园内选择自己喜欢的仙人掌进行创作。

图 3-1-8　老师讲述仙人掌相关知识

（二）制作仙人掌

婴幼儿选择好自己所需的超轻黏土和其他材料后，老师讲解并示范捏塑方法：将超轻黏土先搓圆再捏形状。

（三）创意装饰

引导婴幼儿自由创作，充分发挥想象力，对所创作的作品进行自由装饰。

图 3-1-9　自由创作仙人掌作品

（四）呈现作品

最后婴幼儿化身为“小小策展人”，将自己的作品与植物园环境结合进行展示与拍摄。

图 3-1-10　婴幼儿将作品与环境结合进行展示与拍摄

图 3-1-11　分享与点评

（五）分享与点评

婴幼儿向老师和同伴分享制作仙人掌的过程与自己的思考，老师进行点评。

任务分析

重点：引导婴幼儿认知仙人掌的形状、大小、颜色，引发婴幼儿的兴趣，激发婴幼儿的创作欲望。同时引导婴幼儿利用陶泥或综合材料塑造出不同的植物形状，并用夸张的色彩进行描绘，创造出想象中的植物家族。

关键点：引导婴幼儿对仙人掌进行观察。在此过程中，老师要耐心地与婴幼儿沟通，通过语言引导、游戏引入、步骤示范等方式，让婴幼儿从多角度对仙人掌进行认识。婴幼儿在创作时，老师可引导婴幼儿基于对仙人掌的认知来展开丰富的想象。

学习支持

一、材料用具——免烧陶泥

陶泥即陶土，是制作陶器的原料，其矿物成分复杂，主要由高岭石、水云母、蒙脱石、石英和长石组成，常含砂粒、粉砂和黏土等，具有吸水性和吸附性，加水后具有可塑性。免烧陶泥就是不用烧制的陶土。

二、感知多姿色彩

艺术是人类感受美、表现美和创造美的重要形式，也是表达自己对周围世界的认识和情绪态度的独特方式。0—3 岁是人生的最初阶段，也是培养婴幼儿美术兴趣的重要阶段。他们倾向于用艺术的方式认识和把握世界，表达情感和想法。该阶段婴幼儿对色彩和形状的感知尤为敏感，我们应以大自然为主题，引导他们感受自然中的形状与颜色，让婴幼儿开始对日常事物进行简单认知。

三、激发婴幼儿想象

艺术往往就是来自生活，又回归生活。婴幼儿从日常生活中汲取灵感，将对日常事物的感受融入作品，再借助各种表达方式，发挥想象力与创造力，最终用作品去呈现自己的想象与情感。

四、了解创作材料

婴幼儿对不同材料的感知力会有所不同，而陶泥对婴幼儿来说是极具吸引力的。通过使用该材料进行创作，婴幼儿将会对艺术的创作和表达有一步的了解，并进一步认识大自然。

陶艺

任务评价

活动评价

评价项目	评价内容	单项分值	实际得分
教学准备（15 分）	备课认真，有授课计划，教案教学目标明确。	10	
	工具、材料准备完整。	5	
教学内容（35 分）	教学理念能结合实际课堂，教学方法多样，能使婴幼儿理解活动内容并愿意配合。	10	
	重视师幼互动，注重师幼交流，活动氛围热烈。	10	
	教学内容设计符合婴幼儿认知。	15	
教学方法（15 分）	讲课具有启发性，能激发婴幼儿的求知欲和主动性，注重培养婴幼儿的思维方式和创造力。	10	
	老师教学富有感染力，能总结活动内容。	5	
教学管理（15 分）	活动井然有序，婴幼儿专注力强。	5	
	婴幼儿能掌握活动的主要内容和方法，能提高操作能力。	10	
教学效果（20 分）	能有效调动婴幼儿的积极性，情绪饱满，活动氛围好。	10	
	婴幼儿能有效完成作品。	5	
	分析课前课后婴幼儿的变化。	5	
合计得分			

推荐阅读

［1］鹿易吉·塞拉菲尼．塞拉菲尼抄本［M］．张密，译．北京：北京联合出版公司，2014.

［2］安东尼·葛姆雷，马丁·盖福德．雕塑的故事［M］．王珂，译．桂林：广西师范大学出版社，2021.

任务二

奇幻海底世界材料装置创意绘画

任务描述

装置创意绘画是结合生活中的现成品进行绘画。婴幼儿进行装置创意绘画创作，有助于他们掌握利用综合材料创作的多元艺术表达形式，同时也培养了他们对当代艺术综合材料的敏感性。

在此任务中，老师引导婴幼儿认识海底生物的形状、大小、颜色，并进行自由搭配，引发婴幼儿的兴趣，激发其创作欲望，同时让婴幼儿受到海底奇妙世界的启发，将绘画与象征海底的盒子相结合，用夸张的色彩进行描绘，创造出想象中的趣味海洋世界。

任务准备

一、硬件准备

宽敞明亮的教室，适合婴幼儿绘画的小桌子、小凳子。

二、经验准备

在授课前做好工具安全使用讲解，让婴幼儿树立安全意识，严禁婴幼儿课间打闹，课后及时收回手工工具。

三、教具准备

16开素描纸、勾线笔、彩色马克笔、胶、儿童剪刀、盒子（婴幼儿自备）、海洋生物的图片。

操作流程

一、操作步骤

操作步骤	操作内容
操作步骤一：课程导入	老师通过提问的方式引入。
操作步骤二：创作步骤示范	老师根据教学内容进行绘画示范。
操作步骤三：婴幼儿操作，老师指导	在老师指导下婴幼儿完成作品。
操作步骤四：作品展示	老师展示婴幼儿的作品，鼓励他们讲述自己的作品。

二、操作描述

（一）课程导入

婴幼儿欣赏图片，认识海洋生物。

老师提问："哪个是章鱼先生的家呢？章鱼先生是什么样的？"

老师引导问答：章鱼先生有大大的身体，有八条长长的腿，腿上有圆形吸盘。

老师讲述："找到他的家了，现在我要去水母姐姐家里啦。"

老师提问："呀，看到了吗？水母姐姐好漂亮呀，她是什么形状的呢？"

老师引导问答：水母的身体圆圆的，有长长的脚。

老师提问："接下来我（小丑鱼）要去海洋乐园啦，里面会有哪些好朋友呢？"

老师引导问答（各种海洋生物的特点）：鱼儿有长长的身体，漂亮的尾巴，摆动的鱼鳍；海龟有圆圆的壳，小小的脑袋……

老师提问："今天我们帮小丑鱼做个海洋乐园吧。艺术家们把鱼儿身上的鱼鳍变成了翅膀，你们要不要也一起变变变呢？让我们一起充分发挥想象力，制作海洋里的生物吧。"

老师引导问答：结合自己喜欢的事物创作。

（二）创作步骤示范

1. 老师提问，引发婴幼儿的思考，激发婴幼儿创作的兴趣。

2. 老师示范讲解创作的步骤。

操作步骤一：老师讲解，婴幼儿观察。

通过老师讲解的课程内容，婴幼儿能够学习艺术家的创作形式。再让婴幼儿选择自己喜欢的海洋生物的照片进行观察，并鼓励其发挥天马行空的想象。

图 3-2-1 小丑鱼

操作步骤二：构图（起形）。

根据婴幼儿选择的参考图，从身体开始绘画，可运用三角形、圆形、正方形以及不规则形状画出海洋生物的身体轮廓，再画出鳍、眼睛、尾巴以及身体内部特征，鼓励婴幼儿发挥想象力，并结合自身的喜好进行创作。

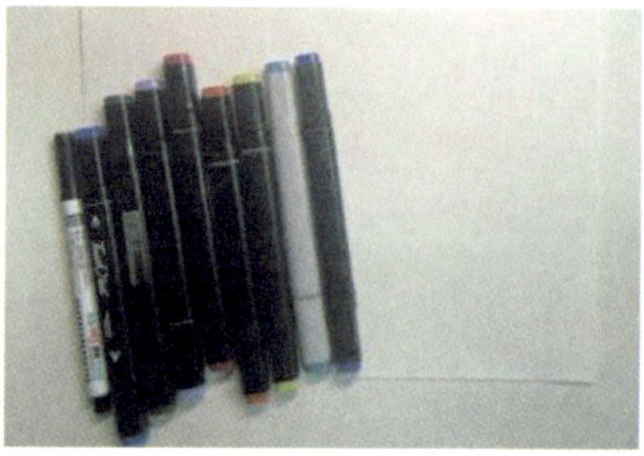

图 3-2-2 绘画工具和材料

操作步骤三：上色。

运用马克笔上色时，要进行冷暖色搭配。老师教授方法：先勾边，再以上下画“1”的形式排列涂色。上色结束后可将作品剪下来，沿着离边缘线 0.5 厘米处的位置剪即可。

操作步骤四：组合呈现作品。

结合盒子进行再创作。老师协助婴幼儿用胶组合所画的海洋生物，在组合过程中起辅助作用。婴幼儿根据自己的想法进行组合，再将创作的海洋世界主题作品进行拍摄，可在教室里选择合适的地方拍照。

图 3-2-3　起形

图 3-2-4　画出海洋生物身体各部位

图 3-2-5　上色

图 3-2-6　结合盒子进行再创作

（三）婴幼儿操作，老师指导

1. 在纸上画出想象中的海洋生物的身体形状（如三角形、圆形、方形、其他多边形等）。

2. 鼓励婴幼儿大胆结合自己喜欢的事物来创作各种海洋生物。

3. 鼓励婴幼儿运用不同的颜色进行搭配。

（四）作品展示

1. 老师将婴幼儿的作品放在展示台上，让婴幼儿相互欣赏。

2. 请婴幼儿结合自己的作品进行讲述。

图 3-2-7 婴幼儿创作现场与作品展示

任务分析

重点：引导婴幼儿认识海洋生物的多样性，激发婴幼儿的创作欲望，同时让婴幼儿感受海底世界的奇妙，鼓励他们利用绘画的形式呈现出心中的海洋世界，并引导婴幼儿树立保护海洋环境的意识。

关键点：①色彩的搭配（冷色、暖色、中间色）；②表现形式多元化，将绘画与日常的废旧材料结合进行表现。

学习支持

一、材料、用具——素描纸、勾线笔、马克笔

画素描通常使用专业的素描纸。素描纸指洁白、有一定厚度、有纹理的纸。选用素描纸时，要注意纸质坚实、平整、耐磨、纹理细腻、不毛不皱。

勾线笔常用于绘画创作，尤其是工笔画、漫画创作等。

马克笔也叫记号笔，是一种书写或绘画用的彩色笔，本身含有墨水，通常带有笔盖，一般有双头，一端小头，一端大头。马克笔中的颜料易挥发，适用于一次性快速绘图，常应用于形象设计、海报绘制或其他美术创作。用马克笔可画出变化不大的较粗的线条。马克笔的墨水分为水性和油性两种。水性墨水类似彩色笔墨水，不含酒精成分。油性墨水因为含有酒精成分，故味道比较刺激，而且较容易挥发。

二、婴幼儿艺术素养的培养

艺术素养是慢慢累积的。欣赏大量艺术家的作品是培养婴幼儿艺术素养的重要手段。比如一些好看的颜色或者一些可能成人都没有注意到的家具装饰细节，婴幼儿能注意到并且感受到其中的美。此外，培养艺术素养可以提高婴幼儿的审美意识。

三、婴幼儿感知能力的培养

0—3 岁婴幼儿对色彩和形状的感知尤为敏感，该阶段是培养婴幼儿美术兴趣的重要阶段。老师要引导婴幼儿将绘画与日常的废旧材料结合起来，创新材料的用途。

四、激发婴幼儿想象

装置艺术

海洋世界对婴幼儿来说是非常神秘的。我们以海洋为题，让婴幼儿去探索，观察海洋生物的特征，展开想象，同时引导婴幼儿了解艺术家们的表现方式，促进婴幼儿进一步认识艺术与大自然。

任务评价

活动评价

评价项目	评价内容	单项分值	实际得分
教学准备（15分）	备课认真，有授课计划，教案教学目标明确。	10	
	多媒体设备、教具等准备充分。	5	
教学内容（35分）	教学理念先进，能结合课堂实际，采用多种教学方法进行教学，使婴幼儿能听懂本节课的内容和学习要求。	10	
	重视师幼互动，注重师幼交流，课堂氛围热烈。	10	
	能联系婴幼儿实际，课后对课程内容进行修改补充。	15	
教学方法（15分）	讲课具有启发性，能激发婴幼儿的求知欲和主动性，注意培养婴幼儿的思维方式和创造力。	10	
	老师教学富有感染力，总结活动恰当。	5	
教学管理（15分）	课堂教学井然有序，婴幼儿无吵闹、睡觉等现象。	5	
	婴幼儿能掌握本次活动的主要内容和方法，提高操作能力。	10	
教学效果（20分）	能有效调动婴幼儿的积极性，情绪饱满，活动氛围好。	10	
	婴幼儿能有效完成作品。	5	
	分析课前课后婴幼儿的变化。	5	
合计得分			

推荐阅读

［1］岩井俊雄．海底 100 层的房子［M］．肖潇，译．北京：北京科学技术出版社，2015.

［2］安娜·佩戈，伊莎贝尔·米尼奥丝·马丁斯．海洋塑料：一个入侵物种．［M］．贝尔纳多·P. 卡瓦略，绘．金心艺，译．杭州：浙江教育出版社，2021.

任务三

有趣的毛毛虫卡纸拼贴画

任务描述

拼贴画是一种简单的手工绘画，可以促进婴幼儿手部精细动作的发展，也是一种增强婴幼儿的色彩认知与肌理认知的有趣作画方式。

以《好饿的毛毛虫》绘本导入，引发婴幼儿的兴趣。老师结合婴幼儿的年龄特点和色彩认知特点，引导婴幼儿认识毛毛虫的形态，再引导他们将颜色与食物进行匹配，培养婴幼儿的观察能力和动手能力。

任务准备

一、硬件准备

宽敞明亮的教室，适合婴幼儿绘画的小桌子、小凳子；具有幻灯片播放功能的设备。

二、经验准备

视频资料。

三、教具准备

课件、彩色笔（绿色、黄色、橘色、红色、棕色）、固体胶、纸、制作好的圆形卡纸片、塑料眼睛、图片（苹果、梨、李子、草莓、橘子的图片）。

操作流程

一、操作步骤

操作步骤	操作内容
操作步骤一：绘本导入	老师展示绘本封面，激发婴幼儿观察的兴趣。
操作步骤二：感知毛毛虫吃下各种食物后的外形和颜色	展示图片，让婴幼儿感知毛毛虫形状的变化。
操作步骤三：创作拼贴画	根据观察结果，老师和婴幼儿一起完成拼贴画。

二、操作描述

（一）绘本导入

老师展示绘本的封面，激发婴幼儿观察毛毛虫的兴趣。

老师提出问题：“图片中是什么动物？它身上有哪些颜色？”

老师引导婴幼儿回答：这是毛毛虫，它的头是红色的，身体一节一节的，是绿色的。毛毛虫肚子饿，它一步一步往前爬，去找吃的东西。

（二）感知毛毛虫吃下各种食物后的外形和颜色

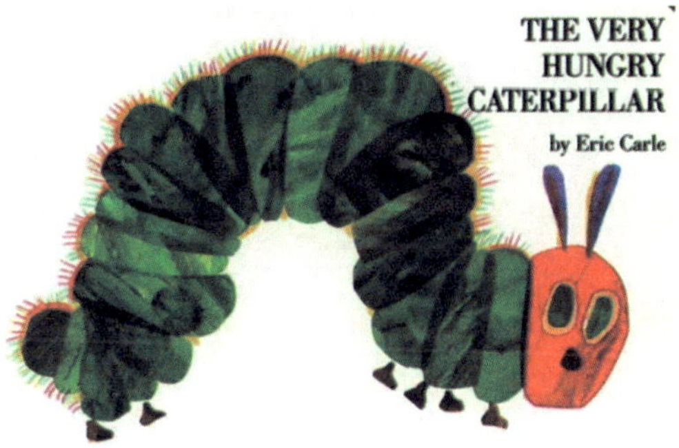

图 3-3-1 《好饿的毛毛虫》绘本封面

老师用提前准备的图片引导婴幼儿观察毛毛虫吃了哪些东西。老师依次拿出食物图片，并向婴幼儿提问食物的外形特征。

老师提问："毛毛虫吃了哪些东西？"（苹果、梨、李子、草莓、橘子）

老师提问："苹果是什么颜色的？"

老师引导回答：红红的。

老师提问："苹果是什么形状的？"

老师引导回答：圆形的。

老师提问："梨子是什么颜色的？"

老师引导回答：黄黄的。

老师提问："梨子是什么形状的？"

老师引导回答：梨形的。

老师提问："李子是什么颜色的？"

老师引导回答：绿绿的。

老师提问："李了是什么形状的？"

老师引导回答：圆形的。

老师提问："草莓是什么颜色的？"

老师引导回答：红红的。

老师提问："草莓是什么形状的？"

老师引导回答：上面圆圆的，下面尖尖的。

老师提问："橘子是什么颜色的？"

老师引导回答：橘色的。

老师提问："橘子是什么形状的？"

老师引导回答：圆形的。

（三）创作拼贴画

1. 婴幼儿选择毛毛虫爱吃的水果并画在纸上。

老师："毛毛虫肚子饿了，你想喂它吃什么水果呢？请你把它画在纸上。"鼓励婴幼儿将水果画得大些。

2. 老师和婴幼儿一起拼贴毛毛虫。

操作步骤一：拼贴毛毛虫身体。

老师："小朋友们为毛毛虫准备了那么多水果，毛毛虫好高兴啊！它爬呀爬呀，爬到了画纸上。"老师引导婴幼儿用固体胶将圆形卡纸片贴在画纸上，注意毛毛虫一节一节的身体要连在一起。毛毛虫的身体可以是弯的，也可以是直的。

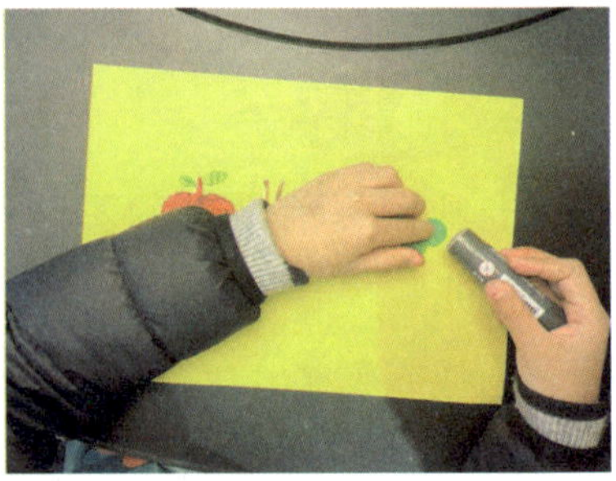

图 3-3-2　拼贴毛毛虫身体

操作步骤二：画出毛毛虫的嘴巴和眼睛。

老师："毛毛虫肚子饿了，嘴巴张开了。用彩色笔画出毛毛虫张大的嘴巴。"此处婴幼儿可根据自己的理解，将毛毛虫的嘴巴画得夸张点，充分发挥想象力。

图 3-3-3　画出毛毛虫的嘴巴和眼睛

可以用彩色笔画出毛毛虫的眼睛，也可直接粘贴成品塑料眼睛。

操作步骤三：画出毛毛虫的脚。

老师引导婴幼儿画出毛毛虫的脚。

操作步骤四：作品展示。

老师将婴幼儿的作品贴在展示板上，鼓励婴幼儿说出自己喂毛毛虫吃了什么水果，这个水果是什么颜色的。

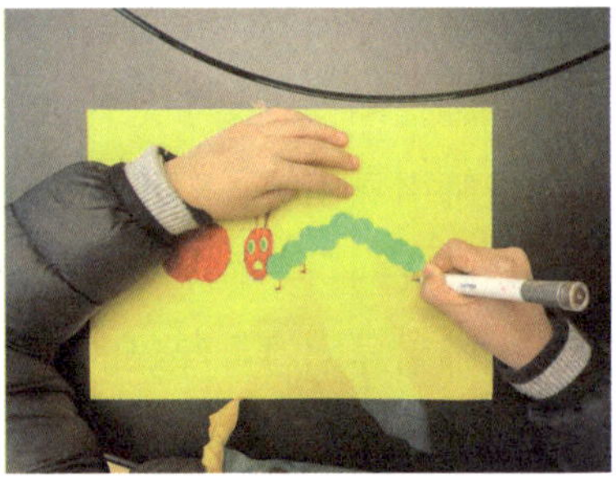

图 3-3-4　画出毛毛虫的脚

三、作品欣赏

图 3-3-5　毛毛虫卡纸拼贴画作品

任务分析

重点：婴幼儿通过欣赏绘本和图片认知毛毛虫与水果的形状特征，再用拼贴的手法制作毛毛虫，最后用绘画的形式完善细节。在此活动中，婴幼儿对绘画元素如毛毛虫、苹果、梨、草莓、李子、橘子的外形特征的认知与概括尤其重要。

关键点：婴幼儿关于水果的认知经验比较少，因此在活动之前老师应引导婴幼儿认识常见的水果，并提供实物供婴幼儿观察。

学习支持

一、婴幼儿观察能力的培养

美术活动同音乐活动、语言活动一样，是人类表情达意、交流经验的一种有效形式，历来为教育学家所重视。我国著名教育家和儿童心理学家陈鹤琴先生曾指出："绘画对儿童具有强烈的吸引力，是儿童生来就喜欢的 。我们可以利用这一心理直接满足他们的欲望，间接地去丰富他们的知识，培养他们的性情，并使他们具有良好的行为习惯 。"婴幼儿的美术活动是在观察与认识物体的形状、颜色、结构等的基础上，掌握一些简单的知识和技能，创造性地表现对现实生活的认识和情感。观察是美术活动的基础 ，是婴幼儿认识客观事物、增长知识的重要途径，只有通过认真、细致的观察，才能获得丰富的知识，拓宽视野，绘出生动优美的图画。因此在美术教育活动中，老师都非常重视指导婴幼儿观察周围的事物，使婴幼儿养成良好的观察习惯，提高婴幼儿的观察能力。

二、婴幼儿色彩感知能力的培养

婴幼儿眼里的世界是五彩缤纷的，内心的世界是绚丽多彩的。婴幼儿喜欢色彩，对色彩有不同于成人的敏锐度和想象力，会用色彩来表现自己的所见所思。因此，在婴幼儿绘画活动中，色彩的运用比绘画技能的学习更为重要。各年龄段婴幼儿的色彩感知能力不尽相同，婴幼儿认知颜色依赖于具体的事物，基本能认识红、黄、蓝三种基础的颜色。

欣赏绘本与绘画是培养婴幼儿色彩感知能力的重要手段。老师应通过引导婴幼儿欣赏艺术作品，让婴幼儿充分感受作品的艺术美，从而提高婴幼儿的色彩感知能力和审美情趣。

三、婴幼儿动手能力的培养

美术绘画活动有助于培养婴幼儿的动手能力和想象力。绘画是婴幼儿展现美的主要方式之一，婴幼儿只要掌握一定的绘画技巧，就能够将自己的想法很好地展现出来。在对婴幼儿进行绘画教学的时候，要注意绘画形式和绘画工具的选用，避免绘画形式单一以及绘画工具单一导致婴幼儿对绘画失去兴趣。通过绘本引入是婴幼儿乐于接受的学习形式，最好能够将绘本贯穿于

拼贴画

整个绘画教学中，并且在教学过程中注意绘画技巧的传授，这样一来，婴幼儿可以凭借自己所掌握的绘画技巧主动参与到美术教学活动中，婴幼儿的动手能力也会因此得到有效提升。

任务评价

活动评价

评价项目	评价内容	单项分值	实际得分
教学准备（15 分）	备课认真，有授课计划，教案教学目标明确。	10	
	授课教具准备充分、图片清晰、内容合理。	5	
教学内容（35 分）	教学理念先进，能结合课堂实际，采用多种教学方法进行教学，使婴幼儿能听懂本节课的内容和学习要求。	10	
	重视师幼互动，注重师幼交流，氛围热烈。	10	
	能联系婴幼儿实际组织教学活动，活动后对课程内容进行修订完善。	15	
教学方法（15 分）	讲课具有启发性，能激发婴幼儿的求知欲和主动性，注意培养婴幼儿的思维方式和创造力。	10	
	老师教学富有感染力，能总结活动。	5	
教学管理（15 分）	活动中婴幼儿无吵闹等现象。	5	
	婴幼儿能掌握活动的主要内容和方法，能提高操作能力。	10	
教学效果（20 分）	能有效调动婴幼儿的积极性，情绪饱满，活动氛围好。	10	
	婴幼儿完成绘画作品，达到教学目标。	5	
	分析课前课后婴幼儿的变化。	5	
合计得分			

推荐阅读

[1] 林琳 . 绘本中的创意美术 [M]. 上海：复旦大学出版社，2020.

[2] 赵予川 . 趣味美术课　拼贴画 [M]. 北京：中国科学技术出版社，2020.

任务四

好饿的小蛇彩泥手工画

任务描述

彩泥手工画活动是婴幼儿自主创作、自我表达的一个活动，应选择婴幼儿感兴趣的，与婴幼儿生活息息相关的事物为主题，如可爱的小动物、好吃的水果等。此活动是建立在婴幼儿生活经验的基础上，能够促进婴幼儿自觉、主动、快乐地学习。

在本任务中，老师通过图片引入，让婴幼儿观察饥饿的小蛇吃下不同的水果后，肚子变成了苹果、香蕉、葡萄的形状。老师先让婴幼儿欣赏小蛇夸张的造型，再根据婴幼儿手工能力发展的水平和特点，让婴幼儿尝试运用团圆、搓长、压扁等技能来表现吃了各种水果以后的小蛇造型，并根据故事内容，添加相关的背景。

任务准备

一、硬件准备

宽敞明亮的教室，较大桌面的桌子（适合婴幼儿动手操作彩泥与绘画）。

二、经验准备

在课前一定要做好工具安全使用讲解，让婴幼儿树立安全意识，严禁婴幼儿课间打闹。在条件允许的情况下，可配备一名助教，确保活动纪律与婴幼儿安全。

三、教具准备

课件、彩泥、彩泥垫板、儿童塑料剪刀、儿童塑料小刀、彩色卡纸1—2张。

操作流程

一、操作步骤

操作步骤	操作内容
操作步骤一：课程导入	老师播放《好饿的小蛇》绘本课件，引发婴幼儿的兴趣。
操作步骤二：老师示范	老师示范用彩泥制作小蛇的方法。
操作步骤三： 婴幼儿操作，老师指导	在老师指导下婴幼儿完成作品。
操作步骤四：作品展示	老师将作品放在展示台上，鼓励婴幼儿介绍自己的作品。

二、操作描述

（一）课程导入

1. 老师播放课件，引发婴幼儿兴趣。

老师提问：“森林里有谁？”

老师引导问答：这是一条好饿的小蛇，它扭来扭去找东西吃。

2. 婴幼儿欣赏图片，感受小蛇吃下食物后身体的不同形状。

老师提问：“看！它找到了什么东西？”（老师出示小蛇找到苹果的图片）“找到了苹果，它会怎么样？”

老师引导回答：啊呜，一口把苹果吃到肚子里。

老师提问：“苹果是什么形状？”

老师引导回答：圆圆的。

老师提问：“好饿的小蛇后来又找到了什么食物呢？”（老师出示香蕉图片）

老师引导回答：香蕉。

老师提问：“香蕉是什么形状？”

老师引导回答：长长的。

老师提问：“好饿的小蛇扭来扭去又去找东西吃，这次它找到了什么东西呢？”（老师出示小蛇吃下葡萄后的图片①）“你是怎么知道的？”

老师引导回答：从形状看出来的。

老师提问：“葡萄是什么颜色的？”

老师引导回答：紫色的。

老师小结：小蛇找到了苹果、香蕉、葡萄，它把这些东西都吃到了肚子里，结果它的肚子变成了吃下去的东西的形状。

（二）老师示范

老师出示彩泥，引发婴幼儿创作的兴趣。

老师：“过了几天小蛇又饿了，它又扭来扭去找食物，这次我们一起帮忙为它找吃的东西吧。”

操作步骤一：用彩泥做小蛇身体。

可以用彩泥做出小蛇身体。先用彩泥搓出长条，从粗到细，再用儿童塑料小刀将其一剪为二，放在垫板的中间。

操作步骤二：将彩泥做成水果的形状。

---

① 《好饿的小蛇》绘本中小蛇找到香蕉后，又找到了饭团，但为了婴幼儿更好地分类、理解，这里省略了饭团的内容。

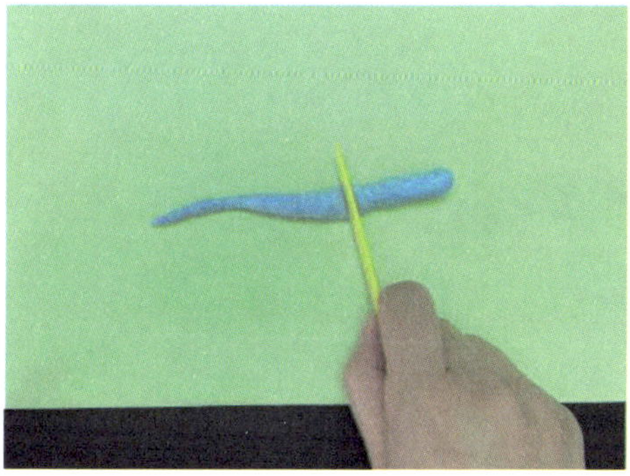

图 3-4-1 用彩泥做小蛇身体

图 3-4-2 将彩泥做成水果的形状

图 3-4-3 做小蛇的嘴巴和眼睛

图 3-4-4 装饰画面

将彩泥做成水果的形状，并把做成的水果放在小蛇身体的中间。

操作步骤三：做小蛇的嘴巴和眼睛。

用剪刀在小蛇的头上（粗的一头）剪出一个小口子，这就是小蛇张开的嘴巴，并用红色彩泥装饰嘴巴，黑色彩泥装饰眼睛。

操作步骤四：装饰画面。

可以用彩泥在小蛇的周围进行装饰，如装饰一些树、草、花、太阳等，使作品更好看、更丰富。

（三）婴幼儿操作，老师指导

1. 提醒婴幼儿制作小蛇身体时要由粗到细，并用剪刀剪出小嘴巴。
2. 鼓励婴幼儿用团圆、搓长、压扁等方法大胆制作各种食物。
3. 鼓励婴幼儿用不同的形状在小蛇的周围进行装饰，使画面更丰富。

（四）作品展示

1. 老师将婴幼儿的作品放在展示台上，让婴幼儿相互欣赏。
2. 请婴幼儿结合自己的作品说说小蛇找到了哪些吃的东西。

三、作品欣赏

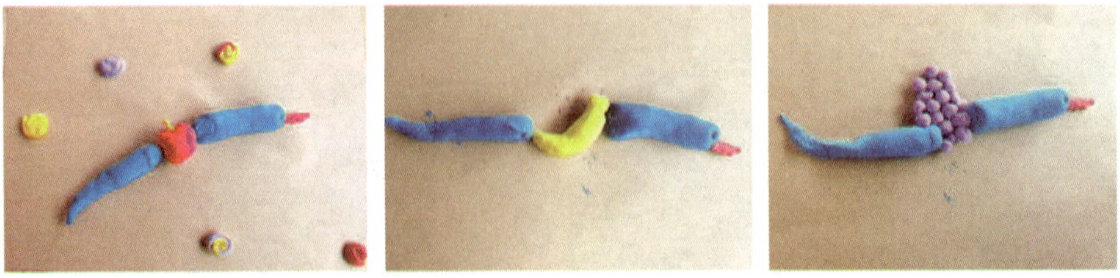

图 3-4-5 婴幼儿作品

任务分析

重点：让婴幼儿感知小蛇的外形是随吃的食物的形状而变化的，引导婴幼儿在理解的基础上进行想象创作，用彩泥做出吃了不同食物后的小蛇。

关键点：彩泥对发挥婴幼儿的主观能动性是非常有帮助的。婴幼儿可以发挥想象力，动手捏出不同的形象。但在本次任务中，婴幼儿需要对造型对象的变化特征进行创作，并利用点的元素去制作小蛇形态变化的部分，让婴幼儿在创作过程中感受到点、线、面元素的构成魅力。

学习支持

一、婴幼儿发散思维的培养

发散思维是一种沿不同方向、在不同范围、不因循传统的思维方式。美国心理学家吉尔福特认为，发散性思维是创造力的核心。培养婴幼儿的发散思维，应多鼓励他们不依常规，寻求多种答案，发现新事物。本次活动可以作为培养婴幼儿发散思维的一个重要途径。整个教学活动以老师提问为主，发挥导向性作用，引导婴幼儿思考与表达，发散其思维。

本次教学活动主要是通过老师提问让婴幼儿进行发散思维，并大胆猜测小蛇的肚子里到底是什么东西。老师在教学中应调动婴幼儿已有的生活经验，重点引导婴幼儿发现小蛇肚子的变化，并根据已有的生活经验进行合理猜测。

通过观察图形并想象，培养婴幼儿的发散能力，是发展婴幼儿创造性思维的有效途径，老师可以在教学当中灵活使用此方法。同时，老师还可以在日常生活中寻找机会来培养婴幼儿的发散思维。总之，婴幼儿阶段是培养发散思维的黄金时期，如果老师能够全面、精准、巧妙地掌握正确的指导策略和方法，将会极大地促进婴幼儿发散思维和创造性思维的发展。

二、婴幼儿创新能力的培养

培养婴幼儿的创新能力，是促进婴幼儿身心全面发展的重要部分，也是婴幼儿美术教育的目标。培养婴幼儿的创新意识和审美情感，是婴幼儿美术活动中互动价值的直接体现。美术活动对婴幼儿创新能力有着至关重要的作用，提升婴幼儿的创新能力也是婴幼儿美术教育的重要教学目标。

三、婴幼儿审美能力的培养

对美的追求和享受是人类固有的一种需要，正所谓“爱美之心人皆有之”，婴幼儿对美好的事物本能地想亲近，而其审美能力的发展则需要通过长期的训练和教育活动才能实现。婴幼儿美术教学除了对婴幼儿进行一些简单的训练，以帮助婴幼儿初步了解和掌握一定的美术技能外，也应该注重在此过程中适时地融入对婴幼儿审美能力的培养，尤其是结合婴幼儿的身心和认知特点，通过各种轻松、多样化的教学形式，让婴幼儿在感受、理解、触摸美的过程中，满足婴幼儿内心对美好事物的渴望，在自我的思考和实践创造中使婴幼儿的审美能力得以逐步提升。

彩泥

任务评价

活动评价

评价项目	评价内容	单项分值	实际得分
教学准备（15 分）	备课认真，有授课计划，教案教学目标明确。	10	
	授课教具准备充分、图片清晰、内容合理。	5	
教学内容（35 分）	教学理念先进，能结合课堂实际，采用多种教学方法进行教学，使婴幼儿能听懂本节课的内容和学习要求。	10	
	老师讲解故事生动有趣，能吸引婴幼儿的注意力。	10	
	能联系婴幼儿实际组织教学活动。课后对教学内容进行修订完善。	15	
教学方法（15 分）	讲解具有启发性，能激发婴幼儿的求知欲和主动性，注意培养婴幼儿的思维方式和创造力。	10	
	老师示范清晰明了，婴幼儿注意力集中。	5	
教学管理（15 分）	课堂教学井然有序，婴幼儿无吵闹等现象。	5	
	婴幼儿能掌握本课程的知识和基本技能，提高解决问题的能力和操作能力。	10	
教学效果（20 分）	能有效调动婴幼儿的积极性，情绪饱满，活动氛围好。	10	
	婴幼儿完成绘画作品，效果达到教学目标。	5	
	分析课前课后婴幼儿的变化。	5	
合计得分			

推荐阅读

[1] 王麒，侯素雯 . 幼儿美术教育与活动指导 [M] .2 版 . 北京：北京师范大学出版社，2021.

[2] 童心 . 趣味彩泥大全 [M] . 北京：化学工业出版社，2015.

项目小结

本项目以婴幼儿感兴趣的植物、海洋世界、动物为课程任务观察对象，引发婴幼儿对绘画的兴趣，采用丰富的绘画教学手段，运用当下流行的装置艺术、泥塑、卡纸拼贴与彩泥画手工四种绘画形式来完成该项目。在设计教学任务时，将点线面特征融入项目任务设计中，例如任务一中仙人掌是很好的点面图形表达，任务二中海底世界是点线面的综合体现，任务三中毛毛虫是线的特征深入学习，任务四中好饿的小蛇是线与面的综合构成体验。项目除促进婴幼儿学习知识，锻炼其动手操作能力以外，还着重培养婴幼儿的观察能力与发散思维等。

思考练习

1. 如何将当代艺术与婴幼儿美术教学相结合？

2. 在婴幼儿美术教学中，如何将装置艺术进行创新？

3. 老师如何指导婴幼儿的拼贴活动?

4. 在婴幼儿美术教学活动中，培养婴幼儿创新意识可通过哪些教学设计来实现?

实践实训

实训名称：秋天的果实（户外采风绘画创作）

实训地点：果园

实训内容：老师带领幼儿到果园观察秋季水果的形态，并指导幼儿利用各种艺术表现形式（如拓印、手工、拼贴等），创作一幅以“秋天的果实”为主题的绘画作品。

实训准备：

1. 场地考察：提前安排专人结合实训内容进行场地考察，选择适合幼儿户外实践的场地。

2. 天气选择：外出前做好天气预测，选择适合幼儿外出的天气。

3. 工具准备：按照外出实训内容，准备好相关实训工具（画笔、水粉颜料、水彩笔、粘贴工具、常用剪纸工具、户外小画板等）。

实训要求：

在组织幼儿活动之前，老师要先跟幼儿和家长说明活动的规则及活动中应注意的安全事项。

在活动的过程中，负责领队的老师要提醒家长看好幼儿，不能让幼儿到处乱跑，保证幼儿的安全。

活动结束后，家长才能带幼儿离开，中途游戏时间，家长不能擅自带幼儿离开。回家时，要事先与老师打招呼，幼儿跟老师说“再见”后方能带幼儿离开。

在活动的过程中，请家长穿上舒适的运动装，方便跟幼儿合作。建议家长不要穿裙子或高跟鞋。

实训流程：

1. 集合并清点人员情况。

2. 集体乘车前往实训场地。

3. 老师讲授实训课程要求与指定活动范围。

4. 家长带领幼儿在指定区域进行果实观察与绘画，老师分组指导幼儿绘画。

评价标准：

1. 幼儿对果实的形态概括较准确。

2. 幼儿对果实的色彩表达准确。

3. 作图方式丰富，工具使用正确。

4. 家长参与幼儿的绘画创作过程，参与度高。

参考文献

［1］居法珍 . 彩泥制作，让手工课堂创意无限［J］. 美术教育研究，2016（24）：147.

［2］刘军 . 彩泥大变身［J］. 童话王国 · 文学大师班，2022（Z1）：37.

［3］王聪荣，高璇 . 拼贴艺术在绘本读物中的应用研究［J］. 丝网印刷，2022（7）：13–16.

［4］林浩晗 . 招贴设计中的拼贴艺术［J］. 艺海，2017（10）：116–118.

项目四

观察手工

项目目标

一、知识目标

1. 引导婴幼儿了解撕、揉、捏、拼贴等手工制作方法。

2. 引导婴幼儿了解可塑性材料，学习用搓、团、压、黏合等方法简单造型。

二、技能目标

1. 使婴幼儿掌握手工的制作方法。

2. 让婴幼儿学习简单的撕、粘、捏、折、剪等手工技能，逐步提高造型能力。

三、素质目标

1. 引导婴幼儿体验手工活动的快乐，培养他们对手工活动的兴趣。

2. 培养婴幼儿在手工活动中的安全意识，以及卫生、整洁的习惯。

四、情感目标

1. 促使婴幼儿对材料的特性产生兴趣。

2. 培养婴幼儿做事专注、认真、仔细、耐心的良好品质。

3. 激发婴幼儿热爱大自然的情感和保护大自然的意识。

4. 通过作品欣赏让婴幼儿了解中国传统文化和传统技艺。

学习重难点

一、学习重点

1. 使婴幼儿了解创意手工制作的技法。

2. 使婴幼儿掌握综合材料的表现形式。

二、学习难点

1. 培养婴幼儿的观察力与感知力。

2. 培养婴幼儿做事专注、认真、仔细、耐心的良好品质。

思维导图

- 观察手工
  - 五彩缤纷创意树叶贴画
    - 观察树叶的颜色及形状
    - 加深婴幼儿对美术手工的热爱
    - 提高婴幼儿的环保意识
  - 绚丽多彩手揉纸贴画
    - 观察并认识手揉纸颜色
    - 锻炼婴幼儿手部精细动作
    - 提高婴幼儿的环保意识
  - 我和我的动物朋友手撕纸贴画
    - 观察动物形象，提高塑形能力
    - 锻炼婴幼儿手部精细动作
    - 提高婴幼儿保护动物的意识
  - 美丽的蝴蝶纸盘手工
    - 观察蝴蝶形象，提高塑形能力
    - 锻炼婴幼儿手部精细动作
    - 观察废旧材料再利用，增强创新能力
  - 我爱四季彩泥贴画
    - 观察一年四季的变化
    - 掌握指压彩泥的技法
    - 提高婴幼儿的环保意识
  - 爱游泳的鱼儿彩泥立体手工
    - 观察小鱼的形状
    - 掌握基本形状的揉捏方法及色彩搭配
    - 提高婴幼儿的环保意识

任务一

五彩缤纷创意树叶贴画

任务描述

树叶贴画属于自然材料的拼贴技法。创意树叶贴画主要是指以树叶贴画为表现内容，按照主题和构图的需要将树叶组合成各种形象，粘贴在卡纸上制作而成的创意作品。树叶是最容易收集的天然材料之一，种类繁多、形态各异、色彩丰富，选择树叶进行合理联想、组合与造型可以创作出优秀的作品。制作树叶创意贴画时，在设计手法上可以追求夸张、变形；在处理形象上可以追求简洁、概括；在整个画面处理上则追求自然色彩，体现统一中有变化的效果。

本任务适合在秋天组织，带领婴幼儿一起去收集落叶，感受秋天的气息，感受大自然的美丽，既没有伤害树木，又能将落叶制作成精美作品，使落叶重放光彩。让婴幼儿到大自然中收集树叶，让他们充分感受到大自然的美丽，培养热爱环境的情感，树立保护环境的意识。

任务准备

一、硬件准备

教室，多媒体设备，适合 0—3 岁婴幼儿进行树叶贴画制作的课桌。

二、经验准备

视频资料。

三、教具准备

树叶、彩色卡纸、白乳胶、马克笔、儿童剪刀等。

操作流程

一、操作步骤

操作步骤	操作内容
操作步骤一：儿歌引入	老师和婴幼儿跟着儿歌一起唱。
操作步骤二： 展示活动工具和材料	老师展示树叶、卡纸、白乳胶等材料，并让婴幼儿认识树叶的颜色。
操作步骤三： 宣布活动规则	老师讲解用树叶在卡纸上贴出不同造型的方法。
操作步骤四： 婴幼儿自由创作	让婴幼儿利用不同形状、不同颜色的树叶进行创作。
操作步骤五： 展示和点评作品	老师展示婴幼儿的作品，并表示肯定和赞许。

二、操作描述

（一）儿歌引入

老师和婴幼儿跟着儿歌一起唱："小树叶，爱争强，片片争着晒太阳。风来争着跳跳舞，雨来争着冲冲凉。勤快的树叶绿油油，哪个懒惰脸色黄。"

（二）展示活动工具和材料

老师展示活动工具和材料：4 开或者 8 开卡纸、收集的树叶、白乳胶、儿童剪刀、马克笔等。让婴幼儿认识树叶的颜色。

（三）宣布活动规则

老师："今天我们要进行一项用树叶进行贴画的游戏，就是把我们收集的树叶贴到卡纸上。我们观察一下各种树叶的形状，想想它们看起来像什么，不同颜色的树叶怎么搭配比较好看。我们根据收集的这些树叶大胆地构思主题，动手贴一贴。"

（四）婴幼儿自由创作

开始时婴幼儿可能无从下手，这时就需要老师的引导。老师要引导婴幼儿观察树叶像什么，充分激发婴幼儿的想象力和创造力。

在创作过程中，让婴幼儿感知树叶大小的变化、重叠后视觉上的变化以及色彩搭配的变化。老师要有意识地引导婴幼儿学会先观察再动手，并鼓励婴幼儿大胆创作，同时引导婴幼儿树立环保意识。

具体操作步骤如下：

（1）构思主题：引导婴幼儿进行合理联想、大胆构思，然后确定主题。

（2）画草图：辅助婴幼儿根据主题简单画出草图。

（3）修剪树叶：不同树叶的形状与颜色不同，结合作品需要进行修剪。

（4）贴树叶：树叶经过拼摆、加工、组合、粘贴，被制作成精美的作品。按照提前构思的主题以及画的草图进行拼贴，注意树叶的前后遮挡关系，尽量维持树叶自然的形态和色彩，以生动地展现主题内容。

（5）整理画面，完成作品：结合作品需求，利用马克笔、彩色卡纸等对主题物以及背景进行适当装饰，使作品在构图与色彩上具有较好的完整性。

（五）展示和点评作品

展示婴幼儿作品，对婴幼儿的想象力和创造力进行点评。老师要肯定和赞许婴幼儿能够利用大自然中的材料进行手工创作；能够通过观察树叶的形状结合想象创作出了一幅完整的作品，将树叶的色彩合理搭配；能够利用色彩关系区分物体的部位，并能使整体色彩关系非常协调。

图 4-1-1　各种树叶、草图以及完成了的树叶贴画作品

图 4-1-2　婴幼儿树叶贴画作品

三、作品欣赏

图 4-1-3　树叶贴画《偷吃的狐狸》

图 4-1-4　树叶贴画《风景》

图 4-1-5 树叶贴画《秋意》

图 4-1-6 树叶贴画《美丽的小鹿》

任务分析

重点：自然材料拼贴画是以树叶、秸秆、草、石头、蔬菜、水果、蛋壳等为主要材料，根据材料的特征进行创作的拼贴画。自然材料手工制作能够调动婴幼儿的好奇心，增加婴幼儿的灵动性，促进婴幼儿的智力发展，同时激发婴幼儿热爱大自然、保护大自然的情感。

关键点：婴幼儿通过观察和分析树叶的形状、质地与颜色制作树叶贴画，可以培养婴幼儿的动手能力、想象力与专注力。

学习支持

一、粘贴画的特点

粘贴画创作是平面制作的一个类型，是丰富婴幼儿审美体验、开发艺术潜质的一种美术活动。选择生活中的各种物质材料，利用其质地、肌理、色彩上的美感，通过组合、拼贴等技法进行艺术设计，创作成平面粘贴画作品。粘贴画可以表现的内容和范围很广泛，不论是具象形式还是抽象形式，只要认真观察和思考，去发现各种材料的不同形态和不同美感，通过各种制作方法和手段，就能使材料焕发出新的生命，创作出新的作品。这一过程既提高了婴幼儿的动手能力，又促进了他们情感表达能力与创造能力的发展。粘贴画制作充满变化和趣味性，应鼓励婴幼儿进行个性化创作，充分发挥想象，不仅活跃了他们的形象思维，而且锻炼了动手能力，对培养婴幼儿的创造能力和创新意识具有重要作用。

延川布贴画

二、树叶贴画课程的意义

（1）婴幼儿通过课程掌握了树叶贴画的制作方法，能够自己构图并选择树叶完成作品。

课程中优秀的作品层出不穷，包括各类主题，如动植物、风景、人物、故事等。这些作品各有特点，风格各异。

（2）树叶贴画课程促进了婴幼儿动手能力和创新能力的发展。

在树叶贴画的制作过程中，各个环节都离不开动手和创新，在创新中动手，在动手中创新。从收集树叶到选择、修剪、粘贴树叶，对婴幼儿来说都是一种锻炼，一种成长。而对于树叶贴画主题的思考，则考验着婴幼儿的想象力和创新能力。

（3）树叶贴画的制作对婴幼儿的审美意识和审美能力也有很大的提升。

在学习过程中婴幼儿走进自然，了解了大自然的魅力。优秀的作品使他们开始重新认识自己，评价自己，也使他们认识到：不仅可以用双眼欣赏美，也能够用双手创造美。

任务评价

活动评价

评价项目	评价内容	单项分值	实际得分
教学态度（15 分）	准备充分，教学资料齐全、规范。仪表端庄，着装大方得体，精神饱满。	10	
	课后对课程准备和教学仪态等进行分析总结。	5	
教学内容（30 分）	内容娴熟，详简得当，表达流畅。知识点清晰，重点突出、难点突破。内容充实，时间安排合理。	15	
	能联系婴幼儿实际组织活动。	10	
	课后对课程内容进行修订完善。	5	
教学方法（20 分）	教学方法形式多样，能启发婴幼儿思考和联想，给婴幼儿以创新的启迪。	10	
	合理、有效地运用多媒体。	5	
	课程中对教学方法进行分析。	5	
教学能力（20 分）	教学基本功扎实，有激情，有感染力。	10	
	教学活动组织能力强，婴幼儿能跟随老师做动作。	10	
教学效果（15 分）	能有效调动婴幼儿的积极性，情绪饱满，活动气氛好。	5	
	婴幼儿能有效完成作品。	5	
	分析课前课后婴幼儿的变化。	5	
合计得分			

推荐阅读

[1] 金晓梅.婴幼儿游戏与玩具[M].重庆：西南师范大学出版社，2021.

[2] 李营.0 ~ 3 岁婴幼儿玩教具推荐及游戏指导（视频指导版）[M].北京：人民邮电出版社，2019.

任务二

绚丽多彩手揉纸贴画

任务描述

本次任务采用皱纹纸、手揉纸等材料，通过搓、团、捏形成纸团、纸绳，将纸团、纸绳等在卡张上进行拼贴设计。手揉纸贴画的装饰性较强，能够产生浅浮雕的效果。本次任务设置了“为地球妈妈穿新衣”的主题，让婴幼儿利用各种纸质材料进行艺术造型，培养婴幼儿的动手能力、审美能力、创新能力，培养婴幼儿热爱祖国的情感和保护环境的意识。

任务准备

一、硬件准备

教室、多媒体设备。

二、经验准备

视频资料。

三、教具准备

彩色手揉纸（或彩色皱纹纸）、卡纸、白乳胶、马克笔、儿童剪刀等。

操作流程

一、操作步骤

操作步骤	操作内容
操作步骤一：故事引入	老师为婴幼儿讲述《地球妈妈生病了》的故事。
操作步骤二：展示活动工具和材料	老师展示这节课所需的工具和材料。
操作步骤三：宣布活动规则	老师讲解根据作品中的需要揉制大小不同的纸球的方法。
操作步骤四：婴幼儿自由创作	婴幼儿发挥想象力进行创作，装扮地球妈妈。
操作步骤五：展示和点评作品	老师展示婴幼儿的作品，并表示肯定和赞许。

二、操作描述

（一）故事引入

老师讲述《地球妈妈生病了》的故事，引导婴幼儿树立保护地球、保护大自然的意识。

（二）展示活动工具和材料

老师展示所需的工具和材料：彩色手揉纸、印有地球图案的卡纸、白乳胶、马克笔、儿童剪刀等。

（三）宣布活动规则

老师：“今天我们活动的主题是装扮地球妈妈。老师为大家准备了彩色手揉纸，大家可以选择自己喜欢的手揉纸，揉成大小不同的纸球。老师把印有地球图案的卡纸发给大家，大家发挥自己的想象力和创造力用手揉纸球装扮地球妈妈，可以为地球妈妈做发型，也可以为地球妈妈穿新装。”

（四）婴幼儿自由创作

（1）构思主题，准备材料：鼓励婴幼儿进行合理联想、大胆构思，然后确定主题。老师和家长协助婴幼儿将手揉纸裁剪成大小不一的纸片。

（2）画草图：根据主题简单画出草图。0—3 岁婴幼儿的造型能力还不足，需要老师或家长为婴幼儿打印一份图稿。婴幼儿根据图稿发挥想象进行创作。在此过程中，老师向婴幼儿介绍淡水资源紧缺的现状，促进婴幼儿树立环保意识。

（3）涂色装饰：可先引导婴幼儿了解地球的水陆面积，然后引导婴幼儿对地球进行涂色装饰，锻炼婴幼儿的绘画能力。

（4）揉纸球、搓纸条：引导婴幼儿动手揉纸球、搓纸条，锻炼他们的动手能力，提高其色彩感知力。

（5）粘贴纸球、纸条，完成作品：让婴幼儿用纸球、纸条装扮地球妈妈，培养婴幼儿的想象力和创造力，提高其审美能力。

图 4-2-1　手揉纸贴画制作过程

（五）展示和点评作品

展示婴幼儿的作品，对婴幼儿的想象力和创造力进行点评。老师要充分肯定婴幼儿能够利用手揉纸装扮地球妈妈，通过想象力为地球妈妈设计新发型、新衣服，充分发挥婴幼儿丰富的想象力。在制作的过程中，婴幼儿的动手能力得到锻炼，揉的小纸球特别圆，贴得也特别整齐。婴幼儿经过动手动脑创作的作品，整体色彩非常协调。

三、作品欣赏

图 4-2-2　手揉纸贴画作品《热气球》

图 4-2-3　手揉纸贴画作品《树精灵》

图 4-2-4　手揉纸贴画作品《游泳的小鱼》

图 4-2-5　手揉纸贴画作品《美丽的家园》

任务分析

重点：本次任务以“为地球妈妈穿新衣”为主题，将揉好的纸球、搓好的纸条拼贴在地球的周围，发挥婴幼儿的想象力与创造力，为地球妈妈穿上新衣服。在制作的过程中，老师要激发婴幼儿对环境保护的热情。手揉纸贴画不仅让婴幼儿认识了颜色，而且使婴幼儿在揉纸球、搓纸条的过程中体验到了手工的快乐，增强了对艺术的敏感性。

关键点：婴幼儿由于手部肌肉不够发达，揉的纸球、搓的纸条不够紧实，这不影响手工制作，要多给予鼓励，协助婴幼儿完成手揉纸贴画。本次活动训练了婴幼儿的精细操作，培养了婴幼儿的理性思维。

学习支持

一、手揉纸与皱纹纸的区别与特点

1. 制作过程不同：

皱纹纸是经机械加工而成的，手揉纸是人工用手揉制而成的。

2. 软硬程度不同：

皱纹纸质地偏硬，包装鲜花适合用皱纹纸。手揉纸质地柔软，可制作各种手工制品。

3. 手揉纸与皱纹纸的特点：

皱纹纸颜色亮丽、纹路清晰，具有一定抗水性，纸张表现力好。包装用皱纹纸坚韧而有弹性，可包装绒线、羊毛制品等有伸缩性的物品，能防止因包装物伸缩性大而引起纸张破裂。装饰用皱纹纸可用于节日装饰和扎成纸花。

手揉纸是指用手搓揉出自然褶皱纹理的纸张，就是手工一张张做出来的纸，纹理是手工揉出来的，纸张的质感、纹理、色泽都非常特别。现在常用的手揉纸是指市面上常见的一种包装纸，彩色、有细纹，是机器仿手揉的纹理制成的。

二、手揉纸贴画运用

我们经常采用手揉纸来进行玩教具的设计与制作。手揉纸玩教具是利用各色手揉纸通过剪、卷、团、搓、编、粘、扎、绕等技法制作出来的作品，既可以是立体的，也可以是平面的。手揉纸贴画具备制作方便、手法简单、造型逼真等特点，极大地满足了婴幼儿的好奇心，丰富了婴幼儿的知识面。

三、手揉纸贴画的意义

手揉纸贴画是婴幼儿非常喜欢的一项美术活动，对婴幼儿的身心发展具有重要意义。它可以培养婴幼儿的观察能力、想象能力和创造能力，还可以促进婴幼儿脑、眼、手的协调发展，锻炼手部小肌肉群，培养婴幼儿的审美能力。因其制作过程比较细致，时间较长，也培养了婴幼儿耐心细致的良好习惯。所以，手揉纸贴画教学是托育机构艺术教育的重要内容，老师应该积极地开展此项活动。艺术是实施美育的主要途径，我们应充分发挥婴幼儿的艺术潜能，促进婴幼儿健全人格的形成。

造纸术

任务评价

活动评价

评价项目	评价内容	单项分值	实际得分
教学态度（15 分）	准备充分，教学资料齐全、规范。仪表端庄，着装大方得体，精神饱满。	10	
	课后对课程准备和教学仪态等进行分析总结。	5	
教学内容（30 分）	内容娴熟，详简得当，表达流畅。知识点清晰，重点突出、难点突破。内容充实，时间安排合理。	15	
	能联系婴幼儿实际组织活动。	15	
	课后对课程内容进行修订完善。	5	
教学方法（20 分）	教学方法形式多样，能启发婴幼儿思考和联想，给婴幼儿以创新的启迪。	10	
	合理、有效地运用多媒体和教学艺术。	5	
	课后对教学方法进行分析。	5	
教学能力（20 分）	教学基本功扎实，有激情，有感染力。	10	
	教学活动组织能力强，婴幼儿能跟随老师做动作。	10	
教学效果（15 分）	能有效调动婴幼儿学习的积极性，情绪饱满，活动气氛好。	5	
	婴幼儿能有效完成作品。	5	
	分析课前课后婴幼儿的变化。	5	
合计得分			

推荐阅读

顾菁 . 当代艺术与美国儿童美术教育［M］. 上海：复旦大学出版社，2015.

任务三

我和我的动物朋友手撕纸贴画

任务描述

本任务主要内容为手撕纸贴画，是为培养婴幼儿手眼协调开展的技能训练，通过学习让婴幼儿掌握剪纸、撕纸和利用废旧物造型等技能技巧，提高婴幼儿平面、立体造型能力，手、眼、脑协调能力；培养婴幼儿的创造性思维能力与动手能力，训练婴幼儿双手动作的灵活性；提高婴幼儿生活自理能力；使婴幼儿能熟练地运用所学知识，很好地协助老师完成教学工作。

任务准备

一、硬件准备

教室、多媒体设备。

二、教具准备

挂历纸或者废旧纸张、卡纸、胶水、小木棒、儿童剪刀、水粉颜料、画笔、8 开素描纸。

三、经验准备

视频资料 。

操作流程

一、操作步骤

操作步骤	操作内容
操作步骤一：故事引入	老师为婴幼儿讲述《鳄鱼拔牙》的故事。
操作步骤二：展示活动工具和材料	老师展示活动所需工具和材料。
操作步骤三：婴幼儿观察准备	老师引导婴幼儿观察鳄鱼的外形特征。
操作步骤四：婴幼儿自由创作	婴幼儿撕纸并进行创作。
操作步骤五：展示和点评作品	老师展示婴幼儿的作品，并表示肯定和赞许。

二、操作描述

（一）故事引入

老师为婴幼儿讲述《鳄鱼拔牙》的故事，引发婴幼儿的兴趣。

（二）展示活动工具和材料

挂历纸或者废旧纸张、卡纸、胶水、小木棒、儿童剪刀、水粉颜料、画笔、8 开素描纸。

（三）婴幼儿观察准备

引导婴幼儿观察图片上鳄鱼的形象特征，再试着让婴幼儿尽可能多地描述出鳄鱼身上的颜色，启发婴幼儿观察除了固有色，鳄鱼还有哪些颜色。

（四）婴幼儿自由创作

婴幼儿手部精细动作发展还不完善，在自由创作过程中纸片会被撕得过大。老师要引导婴幼儿多观察，让其了解可以撕出大小不同的纸片表示不同部位，形状也可以根据观察和理解来撕。

具体方法如下：

（1）可用蓝色水粉颜料画出背景，或用彩色卡纸做一个蓝色背景。

（2）用黑色卡纸撕出鳄鱼的外形。婴幼儿往往不能一次完成，老师可以给他们多准备几张黑色卡纸。

（3）撕出黑色的鳞片贴在鳄鱼身上。鳄鱼身上的鳞片可以用黑色，也可以引导婴幼儿发挥想象力，用自己喜欢的颜色多尝试。

（4）给鳄鱼身上涂上颜色。涂色时让婴幼儿仔细观察物体和物体之间的关系，尽量让他们自己选择，不要局限于常色。引导婴幼儿耐心、细致地进行涂色，尽量把鳄鱼鳞片的肌理表现出来。

（5）进行局部撕纸（例如眼睛和牙齿）。用纸撕出鳄鱼的圆眼睛和尖尖的牙齿。可以启发婴幼儿撕出除了常规形状以外的其他形状。

（6）用画笔对鳄鱼生活的环境进行装饰，使作品更加完整生动。

老师要在婴幼儿创作过程中潜移默化地引导他们形成保护动物的意识。

（五）展示和点评作品

老师展示婴幼儿的作品，对婴幼儿的

图 4-3-1　手撕纸贴画制作

想象力和创造力进行点评：鳄鱼形象生动，活泼可爱，能利用涂色表现出鳄鱼鳞片的肌理感。对鳄鱼周围环境的补充也很到位，并能使整体色彩关系协调。

三、作品欣赏

图 4-3-2　手撕画《美丽的花瓶》

图 4-3-3　手撕画《我的好朋友》

图 4-3-4　手撕画《我的大胡子叔叔》

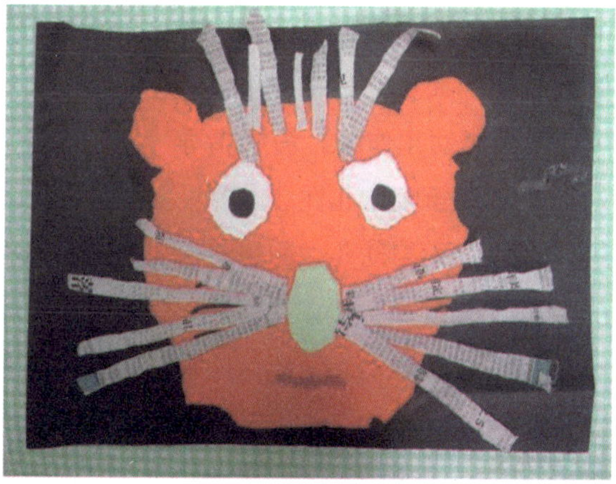

图 4-3-5　手撕画《狮子》

任务分析

重点：让婴幼儿通过观察、分析、了解纸张的形状与颜色，引导婴幼儿体验制作动物手撕画，培养婴幼儿的动手能力和想象力。

难点：让婴幼儿体验综合材料绘画的乐趣，运用画、撕、粘、贴等不同创作方法，来改变鳄鱼的外形，增强课堂的趣味性。

学习支持

一、手撕画衍生于中国传统剪纸

剪纸是中国传统艺术，每到过年大部分家庭都会贴起漂亮的窗花。手撕画与剪纸有异曲同工之处。创作手撕画能培养婴幼儿的审美意识和创新精神，提高他们的动手操作能力。利用废旧报纸可以激发婴幼儿的环保意识，集体创作能培养婴幼儿团结协作的精神。

二、对婴幼儿观察力和感知能力的培养

观察是一种有目的、有计划、有步骤的活动。观察是通过眼睛看、耳朵听、鼻子闻、嘴巴尝、手抚摩等，有目的地认识周围事物的过程。观察力是指一个人经过长期的观察所形成的观察能力。良好的观察力主要表现在三方面：首先，观察要仔细、全面，能够发现别人不易发现的事物特征，不遗漏有关细节；其次，观察要准确，能够辨别事物之间的微小差别；最后，观察要迅速，能够较快地抓住事物的主要特征。在美术课上，每一节内容、每一课知识都离不开观察事物，观察力的培养已深入每个婴幼儿心中。甚至可以说，离开观察美术教育就寸步难行。

婴幼儿观察力的提高，推动了他们的逻辑思维、形象思维和想象力的发展。婴幼儿的素质提高了，智力也得到了开发。因此，观察力的培养是教学的重要环节。美术课对观察力的训练和培养为婴幼儿以后学习其他学科打下了牢固的基础。

三、婴幼儿作画，教师指导

（1）提醒婴幼儿注意力要集中，认真听老师的讲解。

（2）启发婴幼儿大胆想象，用不同的方法来撕纸。

（3）提醒婴幼儿在画背景时要大胆想象。

（4）提醒婴幼儿注意保持画面和衣服的干净。

四、创意手撕画的意义

手撕画

手撕画是一项综合艺术，婴幼儿会在其中获得很多知识。欣赏作品，感受作品中艺术家独特的创作思维和艺术手法，能开阔婴幼儿视野，激发他们的创作潜能和创作欲望。在课程中，运用撕纸、剪贴的方式结合简单的手工来制作小鳄鱼，创作过程变得更加有趣。

任务评价

活动评价

评价项目	评价内容	单项分值	实际得分
教学态度（15分）	准备充分，教学资料齐全、规范。仪表端庄，着装大方得体，精神饱满。	10	
	课后对课程准备和教学仪态等进行分析总结。	5	
教学内容（30分）	内容娴熟，详简得当，表达流畅。知识点清晰，重点突出、难点突破。内容充实，时间安排合理。	15	
	能联系婴幼儿实际组织活动。	15	
	课后对课程内容进行修订完善。	5	
教学方法（20分）	教学方法形式多样，能启发婴幼儿思考和联想，给婴幼儿以创新的启迪。	10	
	合理、有效地运用多媒体和教学艺术。	5	
	课后对教学方法进行分析。	5	
教学能力（20分）	教学基本功扎实，有激情，有感染力。	10	
	教学活动组织能力强，婴幼儿能跟随老师做动作。	10	
教学效果（15分）	能有效调动婴幼儿学习的积极性，情绪饱满，活动气氛好。	5	
	婴幼儿能有效完成作品。	5	
	分析课前课后婴幼儿的变化。	5	

推荐阅读

［1］小野玛丽，小野罗西．我的第一本折纸书［M］．王晨曦，译．郑州：河南科学技术出版社，2014.

［2］蒂凡妮・特纳．纸花的艺术 唯美逼真的纸花制作指南［M］．黄茜，译．北京：中国友谊出版公司，2022.

任务四

美丽的蝴蝶纸盘手工

任务描述

这次任务主要是用纸盘做成蝴蝶，旨在培养婴幼儿的动手能力和美术创造力。引导婴幼儿观察蝴蝶的外形，了解蝴蝶外形的特点，再在老师的指导下，用纸盘制作蝴蝶。整个活动能锻炼婴幼儿的动手能力，让婴幼儿大胆尝试色彩搭配，培养婴幼儿的艺术美感。

任务准备

一、硬件准备

教室、多媒体设备。

二、经验准备

视频资料。

三、教具准备

马克笔、毛笔、水粉颜料、铅笔、若干圆形纸盘、儿童剪刀、纸等。

操作流程

一、操作步骤

操作步骤	操作内容
操作步骤一：游戏引入	老师和婴幼儿共同完成《花儿与蝴蝶》律动游戏。
操作步骤二：展示活动工具和材料	老师展示这节课所需的工具和材料。
操作步骤三：婴幼儿观察准备	老师引导婴幼儿观察漂亮的蝴蝶。
操作步骤四：婴幼儿自由创作	婴幼儿发挥想象力进行创作。
操作步骤五：展示和点评作品	老师展示婴幼儿的作品，并表示肯定和赞许。

二、操作描述

（一）游戏引入

老师带领婴幼儿进行律动游戏《花儿与蝴蝶》。

“春天来了，春风轻轻地吹进花园，小草从冬天的睡梦中慢慢醒来，花儿伸伸懒腰，展开了美丽的花瓣。红花、蓝花开了，黄花、紫花开了，啊！花儿全开，多美啊！”（老师与婴幼儿边唱边扮演小花）

“美丽的蝴蝶飞来了，一会儿停在红花上采蜜，一会儿飞到黄花上闻一闻，

一会儿停在蓝花上比美，一会儿又和紫花说着悄悄话。花儿与蝴蝶把春天打扮得外美丽。”（老师与婴幼儿扮演蝴蝶和小花进行律动）

（二）展示活动工具和材料

老师展示这节课所需工具和材料：马克笔、毛笔、水粉颜料、铅笔、若干圆形纸盘、儿童剪刀、纸等。

（三）婴幼儿观察准备

老师：“今天我们活动的主题是美丽的蝴蝶，我们要用刚才看到的纸盘来制作蝴蝶。”

老师展示几张蝴蝶的图片，让婴幼儿说出感受。

引导婴幼儿观察蝴蝶的样子。蝴蝶的身体分为头、胸、腹，有两对翅膀和三对足。在头部有一对触角，触角端部较粗。翅膀宽大，停歇时竖立于背上。

引导婴幼儿观察蝴蝶身上的漂亮花纹。老师：“你喜欢哪种形状的花纹呢？你知道吗，蝴蝶身上的花纹和色彩不仅仅起到了装饰效果，它还有着保护自己的作用呢！蝴蝶翅膀上的鳞片不仅让蝴蝶非常美丽，还是蝴蝶的一件雨衣。”

婴幼儿观察到蝴蝶的形状以及花纹后，开始动手创作。

（四）婴幼儿自由创作

婴幼儿年龄小，不容易画出蝴蝶等复杂的图形，老师可以把蝴蝶线描稿发给婴幼儿先让其观察，再进行剪裁。另外，婴幼儿运用剪刀的能力还不强，为了安全起见，老师和家长可以协助婴幼儿裁剪出需要的造型。引导婴幼儿运用订书机把剪好的图形拼接起来，这一步老师一定要注意婴幼儿使用订书机的安全。做好以上步骤，再进行涂色装饰。引导婴幼儿运用马克笔画出自己喜欢的色彩，也可以用水彩颜料轻轻地晕染。

调整画面细节，一幅完整的作品就完成啦！

图 4-4-1　蝴蝶纸盘制作

（五）展示和点评作品

老师展示婴幼儿的作品，对婴幼儿的想象力和创造力进行点评。老师要肯定和赞许婴幼儿能够利用生活中的废旧材料制作精美的手工。在制作的过程中，婴幼儿的动手能力也得到了锻炼。纸盘拼贴的造型非常生动，说明婴幼儿观察能力很强。婴幼儿给蝴蝶装饰的图案也很漂亮，整体搭配的色彩关系非常协调。

图 4-4-2　蝴蝶纸盘手工作品

三、作品欣赏

图 4-4-3　纸盘手工作品《小鱼儿》

图 4-4-4　纸盘手工作品《动物朋友》

图 4-4-5　纸盘手工作品《乌龟一家》

图 4-4-6　纸盘手工作品《圣诞树》

任务分析

重点：①学习剪纸盘、粘贴等简单技能，形成对撕纸、粘贴活动的兴趣；②养成有序操作及团结协作的意识。

关键点：引导婴幼儿根据描画的轮廓线将纸盘剪开并拼凑出蝴蝶的形状。

学习支持

一、婴幼儿纸盘画

纸盘画是平面制作的一个类型，是丰富婴幼儿审美体验，开发其艺术潜质的一种美术活动。制作纸盘画时可以选择生活中的各种物质材料，利用其质感、肌理、色彩上的美感，通过组合、拼贴进行构思设计，创作作品。纸盘画可以表现的内容很广泛，不论是具象形式还是抽象形式，婴幼儿只要认真观察和思考，去发现材料的不同形态和不同美感，通过各种制作方法和手段，就能使材料焕发出新的生命。

二、纸盘画的优点

（1）取材广泛，便于学习：制作纸盘画所用材料很广泛，很容易从生活中获得丰富的材料，十分方便。

（2）表现形式独特：纸盘画主要是通过剪裁、拼凑，做出形象夸张、生动有趣的造型。

（3）锻炼婴幼儿的动手能力，促进婴幼儿的语言表达能力，同时还可以培养婴幼儿的合作意识。

（4）婴幼儿在制作纸盘画的过程中，发展了他们空间想象的能力，培养了勇于创造的精神。

三、让婴幼儿学习纸盘画的意义

（1）在课程中，通过欣赏有关蝴蝶的素材，帮助婴幼儿了解其外形特点以及生活习性，拓展了婴幼儿的课外知识，同时激发了他们的创作兴趣。

（2）在剪裁过程中，婴幼儿大胆创作蝴蝶的造型，运用不同的图案装饰蝴蝶的翅膀，很好地进行了色彩搭配，表现出了蝴蝶的美丽，丰富了画面视觉效果，提高了婴幼儿的审美表达能力。

（3）在创作中，通过平面和立体的结合，提高了婴幼儿的创作能力；在活动中运用各种工具，增强了婴幼儿的动手实践能力；在学习过程中的点滴收获使婴幼儿产生了成就感，充分提高了他们的创作热情。

教玩具制作

任务评价

活动评价

评价项目	评价内容	单项分值	实际得分
教学态度（15 分）	准备充分， 教学资料齐全、规范。仪表端庄， 着装大方得体， 精神饱满。	10	
	课后对课程准备和教学仪态等进行分析总结。	5	
教学内容（30 分）	内容娴熟，详简得当，表达流畅。知识点清晰，重点突出、难点突破。内容充实，时间安排合理。	15	
	能联系婴幼儿实际情况组织活动。	15	
	课后对课程内容进行修订完善。	5	
教学方法（20 分）	教学方法形式多样， 能启发婴幼儿思考和联想， 给婴幼儿以创新的启迪。	10	
	合理、有效地运用多媒体和教学艺术。	5	
	课程后对教学方法进行分析。	5	
教学能力（20 分）	教学基本功扎实，有激情，有感染力。	10	
	课堂教学组织能力强，婴幼儿能跟随老师做动作。	10	
教学效果（15 分）	能有效调动婴幼儿学习的积极性，情绪饱满， 活动气氛好。	5	
	婴幼儿能有效完成作品。	5	
	分析课前课后婴幼儿的变化。	5	

推荐阅读

[1] 王哼 . 幼儿园自制玩教具精选 50 例 [M] . 福州：福建教育出版社，2020.

[2] 郭琪琦，李艾欣 . STEAM 课例精编 幼儿园大班 [M] . 合肥：中国科学技术大学出版社，2018.

任务五
我爱四季彩泥贴画

任务描述

本次任务是创作与四季有关的彩泥贴画。我们为婴幼儿提供了颜色丰富的彩泥，用它可以轻松造型。彩泥还可轻松地吸附在玻璃、木板、纸板等材料上。彩泥贴画画面呈立体形态，层次分明，可长期保存，不脱落，不褪色。

引导婴幼儿用彩泥贴画去表现一年四季，同时也借助一些其他材料，激发婴幼儿更多的创意。

任务准备

一、硬件准备

教室、多媒体设备 。

二、经验准备

视频资料。

三、教具准备

课件，体现四季特征的头饰（彩色小花、冰激凌、稻穗、雪人），彩泥（环保、无毒），彩色卡纸，牙签，马克笔等。

操作流程

一、操作步骤

操作步骤	操作内容
操作步骤一：情景导入	老师播放四季图片，和婴幼儿一起初步感受春夏秋冬的主要特征。
操作步骤二：展示工具和材料	老师展示活动所需的工具和材料，并讲解如何使用。
操作步骤三：示范制作过程	老师出示做好的彩泥贴画，引导婴幼儿感受并示范如何制作。
操作步骤四：婴幼儿自由创作	婴幼儿边动手捏边体会材料的特性，自由探索和创作。
操作步骤五：展示作品	老师展示婴幼儿的作品，并鼓励婴幼儿相互欣赏和交流。

二、操作描述

（一）情景导入

老师播放四季图片，和婴幼儿一起初步感受春夏秋冬的主要特征。春天：春暖花开，美不胜收；夏天：炎炎夏日，骄阳似火；秋：秋风落叶，硕果累累；冬：白雪飘飘，犹如童话王国。

引导婴幼儿联系生活实际，大胆说说每个季节有什么代表性的事物，让婴幼儿切身感受和认识四季的美好变化。

（二）展示工具和材料

老师出示教具——头饰（彩色小花、冰激凌、稻穗、雪人），戴在头上，让婴幼儿说说哪个头饰和哪个季节相联系。引导婴幼儿用彩泥和其他材料创作彩泥贴画，由此激发婴幼儿的创作欲望。

老师展示活动所需的材料和工具：彩泥、彩色卡纸等，并讲解如何使用。

（三）示范制作过程

老师出示做好的表现春天的彩泥贴画《竞相开放的小花》，引导婴幼儿感知如何用彩泥来表现春天。老师可先讲解并示范用彩泥揉捏不同颜色的圆球，并在卡纸上借助指尖按压，把小圆球放在卡纸上按压成花瓣的样子，接着压一个圆球做花蕊，用牙签修饰花蕊，借助马克笔画出花茎，将绿色小圆球作为叶子，还可以捏一只小瓢虫作为装饰，粘贴在花丛中。老师重点讲解和示范如何通过揉、捏、按、压做出不同的造型。

（四）婴幼儿自由创作

老师将彩泥材料和卡纸分发给每位婴幼儿，请婴幼儿想一想用什么方式表现四季，鼓励婴幼儿大胆选择不同颜色的彩泥表现四季的特征。

老师指导婴幼儿进行色彩尝试，鼓励婴幼儿大胆地按自己的想法创作。老师和家长不要去干预婴幼儿的自由探索，婴幼儿在创作时遇到困难，老师和家长要适时地给予帮助。家长陪婴幼儿一起感受手工制作的乐趣，享受美妙的亲子时光。

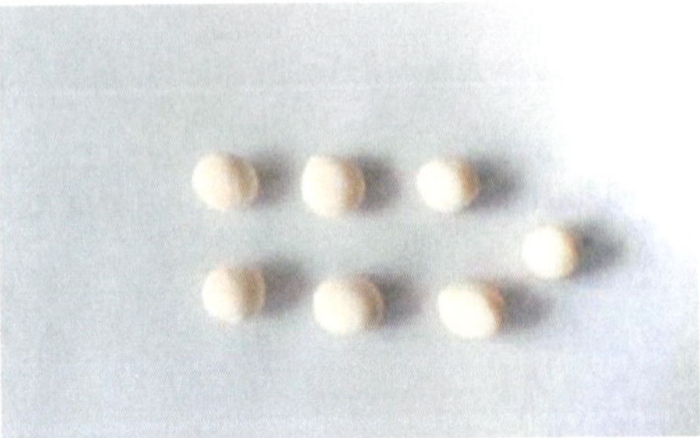

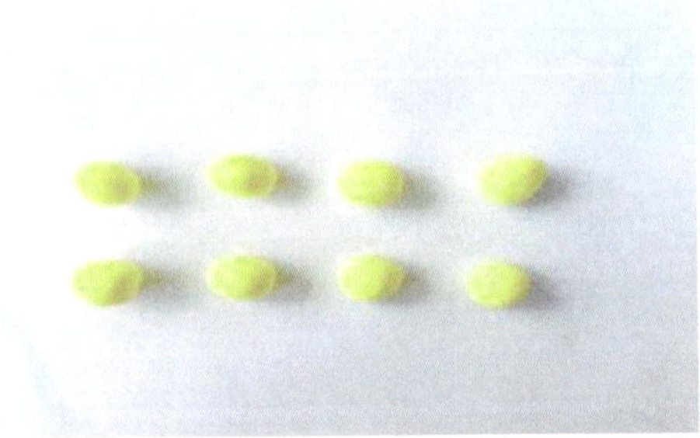

图 4-5-1　彩泥圆球

具体方法如下：

（1）揉捏圆球做花瓣：选择喜欢的彩泥揉捏成小圆球做花瓣。每个花朵七八个花瓣。

（2）按压圆球做花朵：压一个圆球做花蕊，用牙签修饰花蕊，每朵花依次进行。

（3）画花茎和做叶子：用马克笔直接画出花茎，将绿色小圆球放在纸面上用指尖压做成叶子。

（4）整体调整画面：揉捏一只小瓢虫作为装饰，粘贴在花丛中，完成作品。

图 4-5-2　彩泥贴画制作

（五）展示作品

老师展示婴幼儿的作品，并加以总结。老师鼓励婴幼儿相互欣赏作品和交流。让婴幼儿在相互欣赏中，去感受四季色彩的明显变化。婴幼儿能基本掌握四季变换的规律以及色彩的冷暖，并感受到手工活动的乐趣，从而获得成功的体验，增强他们的自信心。

三、作品赏析

图 4-5-3　彩泥作品

任务分析

重点：婴幼儿能运用不同方式，借助彩泥及不同辅助材料，大胆表现四季的主要特征。

关键点：①引导婴幼儿大胆用色，表现自己眼中的四季；②各种辅助材料的综合运用。

学习支持

一、蒙台梭利教育理念

蒙台梭利教育理念是：我们不培养艺术家，但我们会全面发展婴幼儿的能力，帮助婴幼儿发展出欣赏物品的眼睛，一双服从大脑的手，一个可以感知的灵魂。有了这三方面的元素，婴幼儿就可以通过绘画或其他艺术方式表达自己。所以，我们会给婴幼儿提供做事情的机会，给婴幼儿不同的感官体验，发展他们的手，培养婴幼儿的眼光，让婴幼儿通过眼睛和双手来表达自己，主动去认识这个世界，感受美好。

二、婴幼儿动手能力的培养

（一）给婴幼儿机会参与更多的日常生活活动

婴幼儿的绘画创作更多的是运用手部肌肉，而日常生活活动是锻炼婴幼儿手部精细动作很好的方式。例如：夹食物，婴幼儿在使用筷子时锻炼了他的手指动作，增强了肌肉的力量，还锻炼了他对事物的预测能力。他会思考用什么样的方式才能保证食物不掉下来，怎样才能准确地把食物放在相应的碟子里。

（二）拓宽婴幼儿的视野，丰富婴幼儿的感官认知

成人可以给婴幼儿提供尽可能丰富的生活环境，让他们走进大自然，去认识世界，拓宽他们的视野与感受面。如到公园、郊外，美丽的湖光山色、花鸟鱼虫，不但能激发婴幼儿的生活热情，还能陶冶他们的情操；到博物馆、展览会给予婴幼儿感受人文艺术的机会，给婴幼儿带来无限的艺术遐想，使婴幼儿的绘画内容更加丰富多彩。

三、我爱四季彩泥贴画的任务特色

（一）充分感知自然的特性、欣赏自然的美

四季变换是一种自然现象，每个季节都有各自的特色，不管是天气、动植物，还是人们的衣食住行等方面都有很大的变化。要引导婴幼儿去观察四季中各种自然现象的变化，以及这些变化给我们带来的影响。运用各种感官去感受大自然的色彩，婴幼儿获得的将是情感和动手能力方面的发展。

（二）合理就地取材创作活动

本任务开展我爱四季彩泥贴画活动，引导婴幼儿用彩泥创作，并引导其合理地运用其他辅助材料，比如用卡纸裁剪出冰激凌的脆皮筒；用小草的叶子直接粘贴在卡纸上作为水稻的叶子；用棉棒做雪人的手臂。辅助材料的运用可以激发婴幼儿的创造精神。

（三）学会适应和利用自然

本任务的活动引导婴幼儿学会适应四季的自然变化，能够依据四季变化，调节衣食住行，丰富生活。比如春天去春游，欣赏春色；在夏天戏水玩耍；在冬天打雪仗、堆雪人、溜冰等。在这些活动中，婴幼儿获得了快乐。

（四）指导要点

彩泥贴画活动是一项操作性较强的活动，老师要遵循婴幼儿的年龄特征，合理安排活动。这种开放自由的游戏对婴幼儿展开想象的翅膀，收获成就感有很大的意义。因此一定要给婴幼儿充分自由的空间，让婴幼儿体验塑形的成就感。

泥塑

任务评价

活动评价

评价项目	评价内容	单项分值	实际得分
教学态度（15 分）	准备充分，教学资料齐全、规范。仪表端庄，着装大方得体，精神饱满。	10	
	课后对课程准备和教学仪态等进行分析总结。	5	
教学内容（30 分）	内容娴熟，详简得当，表达流畅。知识点清晰，重点突出、难点突破。内容充实，时间安排合理。	15	
	能联系婴幼儿实际组织活动。	10	
	课后对课程内容进行修订完善。	5	
教学方法（20 分）	教学方法形式多样，能启发婴幼儿思考和联想，给婴幼儿以创新的启迪。	10	
	合理、有效地运用多媒体和教学艺术。	5	
	课程后对教学方法进行分析。	5	
教学能力（20 分）	教学基本功扎实，有激情，有感染力。	10	
	教学活动组织能力强，婴幼儿能跟随老师做动作。	10	
教学效果（15 分）	能有效调动婴幼儿学习的积极性，情绪饱满，活动气氛好。	5	
	婴幼儿能有效完成作品。	5	
	分析课前课后婴幼儿的变化。	5	
合计得分			

推荐阅读

［1］吕多红 . 泥塑艺术探究［M］. 青岛：中国海洋大学出版社，2019.
［2］张西昌 . 泥塑［M］. 重庆：重庆出版社，2019.

任务六

爱游泳的鱼儿彩泥立体手工

任务描述

泥塑是我国传统民间艺术，具有独特的稚拙感、表现力和装饰性。婴幼儿天性喜欢玩泥土，而彩泥是泥土的良好替代品，颜色鲜艳，可重复使用，深受婴幼儿的喜爱，对婴幼儿的身心发展具有独特的价值。

本次任务我们为婴幼儿提供了色彩丰富的彩泥，无毒、无味、无刺激性，可塑性强，能极大地满足婴幼儿的创作欲望。婴幼儿在制作过程中，通过揉、捏、团、粘贴等动作锻炼了操作能力，促进了手部小肌肉的发展，同时也发展了手眼协调能力。在本次任务过程中，婴幼儿还感受了国画颜料的魅力。不管是绘画还是手工，都有一个反复欣赏再操作的过程，对婴幼儿专注力的培养有一定的帮助。本次任务还引导婴幼儿要爱护鱼类，不要随意捕捞。

任务准备

一、硬件准备

教室、多媒体设备 。

二、经验准备

视频资料。

三、教具准备

课件、彩泥、泥工板、白色卡纸、泥塑工具、国画颜料、小号毛刷、胶棒等。

操作流程

一、操作步骤

操作步骤	操作内容
操作步骤一：谈话导入	老师出示课件，引导婴幼儿了解小鱼的外形特点。
操作步骤二：展示工具和材料	老师展示活动所需的工具和材料，并讲解如何使用。
操作步骤三：出示步骤图	老师出示彩泥小鱼制作步骤图，引导婴幼儿观察，激发婴幼儿制作的兴趣。
操作步骤四：婴幼儿自由创作	老师把材料分发给婴幼儿，婴幼儿进行创作。
操作步骤五：赞许婴幼儿	老师鼓励婴幼儿介绍自己的作品，并表示欣赏和赞许。

二、操作描述

（一）谈话导入

老师出示小鱼在海底世界里游泳的课件，激发婴幼儿兴趣。老师提问：“小朋友们，你们了解海底世界吗？小鱼长什么样呀？”引导婴幼儿了解小鱼的外形特点。

老师小结：“海底世界的小鱼种类特别多，它们长着会摆动的尾巴，还有漂亮的花纹呢。”

（二）展示工具和材料

老师展示彩泥、白色卡纸、国画颜料、小号毛刷等工具和材料，并介绍使用方法。

（三）出示步骤图

出示彩泥小鱼图片及其制作步骤图，引导婴幼儿观察，激发婴幼儿的制作兴趣。通过老师的引导，婴幼儿初步感知小鱼的形状以及身体上的花纹。

老师提问：“怎么做一条爱游泳的小鱼呢？”老师通过步骤图引导婴幼儿进一步观察，并用儿歌提示制作方法：“团呀团呀团成球，手掌轻轻按一按，鱼儿身体就出来……”

（四）婴幼儿自由创作

老师把材料分发给婴幼儿。婴幼儿创作时，老师应鼓励他们大胆用色，捏出不同颜色的小鱼。老师和家长不要干预婴幼儿自由创作，多加鼓励和赞美。若婴幼儿在创作过程中遇到困难，要及时给予帮助，做好引导者的角色。还可引导婴幼儿创作海底世界的其他动物。

具体方法如下：

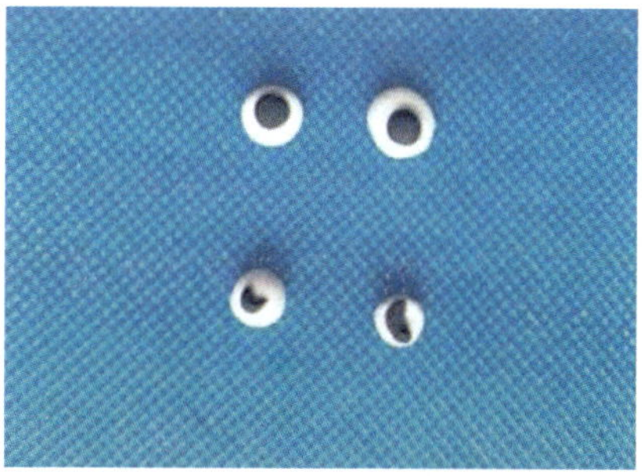

（1）揉捏小鱼身体的各个部分：拿出一小块彩泥捏软，分别团成圆形或椭圆形，做鱼的身体；再分别取出几小块不同颜色的彩泥，团成椭圆形并压扁，分别做鱼的背鳍、腹鳍、尾巴和眼睛。

（2）将小鱼身体各部分组合在一起：把圆形或椭圆形的身体压扁，分别装上背鳍、腹鳍、尾巴和眼睛。

（3）装饰小鱼身体各部分：用工具在鱼的背鳍、腹鳍、尾巴和身体上压出（或者画出）花纹，小鱼就做好了。

图 4-6-1　爱游泳的鱼儿彩泥立体手工制作

（4）画出水草：将白色卡纸放在桌面上，拿出国画颜料。老师示范用小号毛刷蘸取绿色颜料画出水中随意生长的水草，引导婴幼儿自由创作。

（5）粘贴完成作品：用胶棒将制作好的小鱼粘在画好水草的卡纸上，画上水泡和鱼嘴巴，完成作品。

（五）赞许婴幼儿

老师鼓励婴幼儿介绍自己的作品，并及时给予鼓励和赞美。评价婴幼儿的作品不能以成人的标准去评判，婴幼儿的作品正体现了他们的大胆与可爱，要以一颗童心去欣赏他们的作品。

三、作品赏析

图 4-6-2　彩泥立体手工作品

任务分析

重点：婴幼儿能观察小鱼的外形，动手揉捏出小鱼身体的各部分，并组合起来。

关键点：①避免婴幼儿独自玩彩泥，以免误食；②国画颜料的尝试与使用；③引导婴幼儿对小鱼以及生活环境进行装饰。

学习支持

一、成人要帮助婴幼儿进行艺术表达

很多婴幼儿喜欢绘画，他们用急切的目光去观察周围的世界，并将它们呈现在画纸上。而父母和老师正是婴幼儿绘画的最先欣赏者，也是婴幼儿绘画兴趣的保护者。

面对婴幼儿的艺术表达，成人应做到以下几点：

（一）不主动评价婴幼儿的作品

如果婴幼儿急切地向我们展示他的作品，我们只能对婴幼儿所做的艺术表达说出比较客观的话，也就是你看到了什么就说什么。如婴幼儿在黑板上画了很多的图形，你可以说："我看到你在黑板上画了很多的线条和点。"这是比较客观的评价。我们希望婴幼儿理解，艺术就是一种表达的方式，没有好与不好之分。家长或老师无权评判婴幼儿的表达方法是美的还是不美的。不恰当的赞美不但不能引起婴幼儿的注意，有时还会使他们失去对绘画的兴趣。

（二）理解婴幼儿的画

家长或老师不但要了解婴幼儿的性格和爱好，还要真正了解婴幼儿每一幅作品的意图。婴幼儿以自我为中心，把自己喜欢的一切都表现在纸上，在画中展示他们的欢乐和向往，体现他们纯真的童心世界。也许他们的绘画手法非常稚拙，展现出的作品也总是合情不合理，与成人的审美经验不一致。这就需要我们学会去理解婴幼儿的画，不要一味地进行主观评价，要带着童心去欣赏他们的智慧，听他们分享，从中得到快乐，领会画中的情趣所在。

（三）重视婴幼儿美术创作的过程而非结果

婴幼儿进行美术创作的过程总是非常快乐的，他们并不在意创作的结果。有时家长太强调婴幼儿的画面效果，而忽视了绘画活动本身。绘画活动本身是挖掘婴幼儿智力潜能的过程，婴幼儿在整个绘画过程中大脑得到锻炼，他们的艺术兴趣和天赋也会得到发展，这些都远比画好一幅画要重要得多。在

绘画的过程中，家长不要将自己的喜好加在婴幼儿的身上，强迫婴幼儿按自己的意愿去绘画，如自己喜欢的事物就让婴幼儿多画，自己喜欢的颜色就让婴幼儿多用等。这样只会让婴幼儿对绘画产生厌倦感。

二、婴幼儿学习彩泥手工的好处

（一）可以锻炼婴幼儿的动手能力

通过揉、搓、捏、粘贴等手部动作，婴幼儿练习了操作技巧，促进了手部小肌肉的发展，增强了手眼协调能力，提升了手指力量和灵活性。

（二）培养婴幼儿的艺术美感

彩泥手工能激发婴幼儿的创造力，能让婴幼儿发现美、体验美、表现美，从而使婴幼儿的艺术素养得到提升，还可以发展婴幼儿的色彩感知力、想象力。

（三）培养婴幼儿的专注力

好的专注力会对婴幼儿以后的学习有帮助。

（四）让婴幼儿变得自信强大，展示自我

当婴幼儿完成一个作品时，能很好地提升其自信心。

三、爱游泳的鱼儿彩泥立体手工活动任务特色

（一）利用多样的操作材料

0—3 岁婴幼儿的美术教育并不是简单的绘画教学，而是增强婴幼儿对多种工具和材料的认知。当然，这需要利用很多经过处理的无害、无毒的美术材料。本任务利用彩泥做小鱼，很容易激发起婴幼儿的兴趣。婴幼儿在揉捏塑型时，他们的积极性会更高，能更好地促进他们全面发展，为婴幼儿的美术能力提升奠定基础。

（二）不断创新，培养婴幼儿兴趣

老师要创新美术教育的教学内容。本任务中既有用彩泥捏小鱼，同时也开展了彩色绘画，将两种形式相结合 ，势必引起婴幼儿的兴趣，进而提高了他们参加美术活动的兴致。老师的引导让婴幼儿充分认识小鱼的外形特点，激发婴幼儿的创造欲望。

（三）指导要点

彩泥的趣味性符合婴幼儿的年龄特点。在让婴幼儿尽情玩彩泥的过程中，要以婴幼儿熟悉的或他们感兴趣的形象为主，促进婴幼儿通过自己的构思、想象，借助简单工具制作彩泥作品。也可布置环境，让婴幼儿在愉快的氛围中感受创作的愉悦，喜欢上彩泥创作。

文艺的重要性

任务评价

活动评价

评价项目	评价内容	单项分值	实际得分
教学态度（15分）	准备充分，教学资料齐全、规范。仪表端庄，着装大方得体，精神饱满。	10	
	课后对课程准备和教学仪态等进行分析总结。	5	
教学内容（30分）	内容娴熟，详简得当，表达流畅。知识点清晰，重点突出、难点突破。内容充实，时间安排合理。	15	
	能联系婴幼儿实际组织活动。	10	
	课后对课程内容进行修订完善。	5	
教学方法（20分）	教学方法形式多样，能启发婴幼儿思考和联想，给婴幼儿以创新的启迪。	10	
	合理、有效地运用多媒体和教学艺术。	5	
	课程后对教学方法进行分析。	5	
教学能力（20分）	教学基本功扎实，有激情，有感染力。	10	
	教学活动组织能力强，婴幼儿能跟随老师做动作。	10	
教学效果（15分）	能有效调动婴幼儿学习的积极性，婴幼儿情绪饱满，活动气氛好。	5	
	婴幼儿能有效完成作品。	5	
	分析课前课后婴幼儿的变化。	5	
合计得分			

推荐阅读

［1］赵文成．中国最美泥塑［M］．武汉：湖北美术出版社，2013.
［2］矫友田．中华泥塑绝艺［M］．济南：济南出版社，2016.

项目小结

观察手工是引导婴幼儿通过观察、想象制作一些简单的手工的美术活动，如树叶贴画、手揉纸贴画、撕纸贴画、纸盘手工以及彩泥立体手工等。在动手操作的过程中，婴幼儿手、眼、脑协调能力得到提高，婴幼儿的想象力和创造力得到发展，婴幼儿的潜能得到发挥。

该项目中利用了很多废旧材料，比如树叶贴画、纸盘手工等活动，一方面锻炼了婴幼儿的动手能力，另一方面通过老师引导提高了婴幼儿保护环境的意识，还能让婴幼儿在生活中发现美，创造美，提高审美能力。该项目也大大促进了婴幼儿的情感表达，比如创意手撕纸贴画中的鳄鱼、彩泥立体手工中的小鱼、手揉纸贴画中的地球，都能激发婴幼儿对地球的热爱以及树立环保意识。

思考练习

一、思考题

1. 如何激发婴幼儿对手工创作的兴趣?

2. 在观察手工活动中如何引导婴幼儿进行色彩搭配?

3. 哪些废旧材料适合用于婴幼儿手工创作?

4. 通过就地取材的方式，引导婴幼儿合理运用辅助材料，对婴幼儿的创作起到什么作用?

5. 婴幼儿学习泥塑的作用是什么?

二、选择题

1. 自然材料拼贴画还可以用到哪些材料?（多选）（　　）

A. 蔬菜　　B. 卡纸　　C. 豆子　　D. 蛋壳

2. 手揉纸根据用途可分为哪三大类?（多选）（　　）

A. 生活用手揉纸　B. 工业用手揉纸　C. 包装用手揉纸　D. 装饰用手揉纸

3. 婴幼儿美术欣赏课的基本方法是（　　）。

A. 对话　　B. 讲述

4. 不同年龄的婴幼儿在能力上相差很大，因此要根据婴幼儿的能力选择合适的绘画种类，才能收到预期的效果。如低年龄段的婴幼儿宜用硬笔，不宜用（　　）。

A．油画棒　　B．蜡笔　　C．毛笔

5. 老师在泥塑活动中的角色是（　　）。

A 旁观者　　B 权威者　　C 指导者

三、判断题

1. 创意树叶贴画是婴幼儿完全自主完成制作。（　　）

2. 皱纹纸和手揉纸是一样的。（　　）

3. 老师在婴幼儿画画时鼓励其把纸张画满。（　　）

实践实训

一、实践任务

综合材料手工制作《庆元宵——大红灯笼高高挂》

二、实践目标

1. 引导幼儿利用黏土制作灯笼，锻炼他们的手部精细动作。

2. 引导幼儿利用综合材料装饰画面，开发他们的想象力与创造力。

三、实践准备

彩色超轻黏土、彩纸、树枝或竹签、黑色卡纸、水粉颜料、水粉笔。

四、实践过程

1. 讲解中国传统节日的由来，引导幼儿说出元宵节的一些活动，开拓幼儿的思维。

2. 布置画面场景，让幼儿观察灯笼可以挂在哪里。挂在树上可以用树枝装饰，挂在竹竿上可以用竹签来装饰。

3. 制作灯笼，引导幼儿观察如何用揉、压等方式制作灯笼。

4. 装饰灯笼，引导幼儿观察灯笼的颜色搭配，用黄色的黏土或彩纸制作灯笼的两头和灯穗。

5. 用黄色的黏土揉条或用黄色水粉颜料装饰灯笼。

6. 最后让幼儿观察如何用敲打的方式将白色水粉颜料滴落到纸面上，形成大雪纷飞的场景，体现瑞雪兆丰年的寓意。

五、思政融入

1. 引导幼儿认识中国传统文化，促进幼儿对中国传统文化的热爱。

2. 在活动过程中体现幼儿精益求精的良好品质，养成勤于动手动脑的习惯。

参考文献

谢保卫，侯睿芳，刘佩佩 . 学前儿童玩教具设计与制作［M］. 长沙：湖南师范大学出版社，2018.